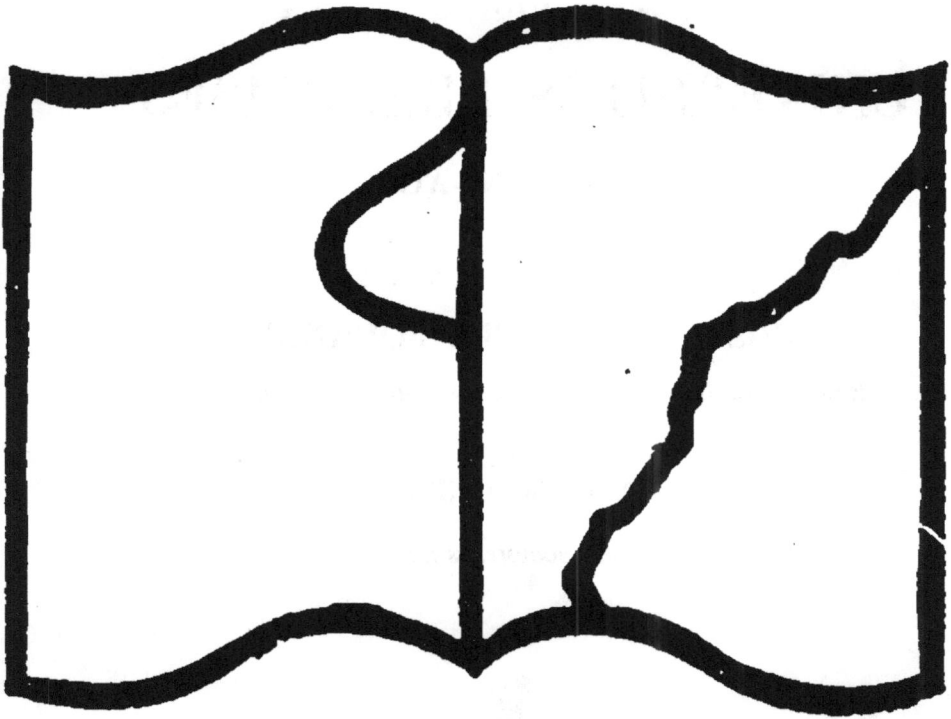

LES
UNIVERSITÉS FRANÇAISES
AU MOYEN-AGE

AVIS A M. MARCEL FOURNIER

Éditeur des *Statuts et Privilèges des Universités françaises*,

PAR

LE RÉV. P. HENRI DENIFLE, O. P.

AVEC DES DOCUMENTS INÉDITS

PARIS

ÉMILE BOUILLON, ÉDITEUR

67, RUE RICHELIEU, 67

1892

LES

UNIVERSITÉS FRANÇAISES

AU MOYEN-AGE

———

AVIS À M. MARCEL FOURNIER

LES
UNIVERSITÉS FRANÇAISES
AU MOYEN-AGE

~~~~~~~

AVIS A M. MARCEL FOURNIER

Éditeur des *Statuts et Privilèges des Universités françaises*,

PAR

LE Rév. P. Henri DENIFLE, O. P.

AVEC DES DOCUMENTS INÉDITS

PARIS
ÉMILE BOUILLON, ÉDITEUR
67, RUE RICHELIEU, 67

——

. 1892

LES
UNIVERSITÉS FRANÇAISES
AU MOYEN-AGE

AVIS A M. MARCEL FOURNIER

AVANT-PROPOS

Enfin ma patience est à bout; il me semble même que j'ai attendu trop longtemps. Il faut en finir! Mon silence pourrait laisser croire que je suis embarrassé pour répondre aux attaques de M. Marcel Fournier.

1. Dans la préface du tome I (paru en 1890) de ses *Statuts et privilèges des Universités françaises* (p. x), M. Fournier était plein d'amabilité pour moi. « J'ajoute que cette publication, disait-il, « a été commencée avant que le P. Denifle ait lui-même fait « paraître son ouvrage si important : *Die Universitäten des Mit-* « *telalters;* et qu'elle n'en dépend que par les services si gracieux « qu'il m'a rendus à Rome[1]. »

---

1. Cette prétention n'était déjà pas très exacte. C'est en 1885 qu'a paru mon tome I, intitulé : *Die Entstehung der Universitäten des Mittelalters bis 1400* et c'est plus tard

Dans la préface du tome II de ses *Statuts* (1891), voulant se disculper des justes reproches que lui avait faits M. Luchaire[1], il s'efforce d'insinuer que le *Chartularium Universitatis Parisiensis* offre les mêmes défauts que sa publication : « Ce t. I du *Chartu- « larium*, dit-il, apprend très peu de choses nouvelles. Presque « tous les textes étaient connus, imprimés et beaucoup bien « publiés. Je crois pouvoir dire que sur les 585 documents publiés « par le P. Denifle, il n'y en a que 135 environ d'inédits, parmi « lesquels un certain nombre sont sans aucun intérêt. » Et déjà, à propos des Universités de Montpellier, de Gray, de Perpi- gnan, etc., il n'est plus si gracieux envers mon ouvrage, *Die Universitäten*.

Dans l'*Histoire de la science du droit*, t. III (1892), p. ix-xi, M. Fournier lance, contre mon ouvrage sur les Universités, des invectives inqualifiables auxquelles je répondrai plus loin, § 1. On trouve, çà et là, dans ce livre, les censures les plus sévères contre plusieurs assertions de mon ouvrage. Quelle différence entre les sentiments exprimés dans le dernier travail de M. Marcel Four- nier et dans la préface du tome I de ses *Statuts*! Qu'est-il arrivé ? doit se demander quiconque le lit. Je vais en donner l'explication.

2. Lorsqu'il travaillait au tome I des *Statuts*, M. Marcel Fournier, m'ayant rencontré à Paris, m'avait prié de l'aider dans ses recherches de documents aux Archives du Vatican, quand il viendrait à Rome. Je le lui promis de bonne foi. Dès qu'il arriva à Rome, je me mis à sa disposition. Je demandai au préfet des Archives, le cardinal Hergenröther, la permission de lui commu- niquer les *Indices*, je lui assignai une table séparée dans la salle de travail, je me dévouai à lui complètement; dans le court espace de temps qu'il resta à Rome, je lui communiquai tout ce qui était

que M. Fournier a entrepris ses voyages en France et à l'étranger pour réunir les documents. Le prix Odilon Barrot pour son histoire manuscrite de l'enseignement du droit en France, lui a été décerné en 1889.

1. *Revue internationale de l'enseignement*, t. XXI (1891), p. 346-363.

possible. Mais on comprend que je ne pouvais pas faire son
ouvrage pour lui. J'ai appelé, entre autres, son attention sur un
document très intéressant, qui contient une enquête faite dans le
collège Saint-Benoît à Montpellier; j'avais déjà noté et analysé
cette pièce dans l'*Archiv f. Litteratur- u. Kirchengesch. d. Mittelalters*, III (1887), p. 334, note 6, en promettant de la publier.
M. Fournier me pria de lui en abandonner la publication.

Il est clair qu'en si peu de temps, il n'a pas été capable de
venir à bout de la moitié des documents relatifs aux Universités
françaises renfermés dans un dépôt aussi riche que les Archives
du Vatican. Au fond, il s'est seulement servi des registres de la
collection dite d'Avignon, et n'a relevé que les documents men-
tionnés dans les *Indices* (très incomplets) mis à sa disposition.
Du reste, la plus grande partie des documents des Archives
du Vatican, qu'il a publiés dans ses deux volumes des *Statuts*,
il les avait trouvés indiqués dans les notes de mes « *Universitäten* », c'est par là seulement qu'il a connu les *Supplicationes*,
99 volumes in-folio, qui étaient, de ce temps-là, dans la salle de
travail; pas un seul volume n'a été consulté par lui, et, par conséquent, il ne publie les *Rotuli* que d'après les indications prises
dans mon ouvrage. C'est moi qui ai fait copier à Rome les documents qui lui ont servi pour sa publication.

En attendant, il a publié la pièce déjà citée sous le titre :
*Une enquête dans un collège de droit de l'Université de Montpellier
au XIV⁰ siècle* (*Revue internationale de l'enseignement*, 1889,
t. XVII, p. 278-296). M. Fournier passe complètement sous
silence celui auquel il doit le document; il se garde bien de dire
que, deux ans auparavant, j'avais déjà appelé l'attention sur ce
texte; il ne craint pas d'ajouter, p. 279 : « Ce document que je
publie... était inconnu jusqu'ici. » Cette tactique me rendit
pensif, mais, malgré cela, je continuai à lui prêter mon secours,
quoique ce ne fût plus sans réserve. Peu après, parut, avec le
t. I des *Statuts*, son article : *L'Église et le droit romain au*

XIII° siècle (1890). M. Fournier fait, dans ce mémoire, de la polémique contre moi, comme contre quelqu'un qui aurait traité la question *ex professo*. Cependant je n'avais traité qu'en passant la question dans mes *Universitäten* (I, 696, not. 125), contredisant ceux qui prétendent que l'Église s'est opposée au développement du droit romain. M. Fournier est étonné de ce que des savants, comme le P. Denifle, aient posé la question en ces termes : L'Église a-t-elle été l'ennemie du droit romain? (p. 3). Je demande à M. Fournier, comment un savant qui se trouve vis à vis de l'opinion : « L'Église était ennemie du droit romain, » pourrait la combattre autrement qu'en posant la question telle que je l'ai posée? S'il veut que le problème soit posé ainsi : « Quelle a été la conduite de l'Église vis à vis des législations civiles? Le droit romain n'a-t-il pas été un obstacle au développement du droit canon? » etc. (p. 3), je réponds que ceci est une question différente, de laquelle il ne s'agit pas. Le reproche de M. Fournier était injuste. Il va plus loin. Dans mes *Universitäten*, j'ai encore accepté comme authentique la fameuse bulle *Dolentes* attribuée à Innocent IV (p. 696). Dans le *Chartularium*, I, 262, n° 235, notes, j'élève des doutes sur son authenticité. M. Fournier en prend, p. 19, l'occasion de m'attaquer, soutenant : « qu'on ne suspecte pas l'authenticité de cette bulle, en disant comme le P. Denifle : *Dubitandum est...*, car je répondrai qu'il suffit de se reporter à la bulle *In civitate Tolosana* du même pape, pour constater une analogie frappante dans les idées exprimées et dans la manière de les exprimer[1]. » Mieux que moi, M. Digard répondit à M. Fournier dans la *Bibliothèque de l'École des*

1. C'est M. Fournier seul qui trouve une analogie frappante dans les idées exprimées et dans la manière de les exprimer entre les bulles *In civitate Tolosana* et *Dolentes*. Du reste, M. Fournier a oublié ici que la base de la bulle *In civitate Tolosana* est la célèbre bulle de Grégoire IX, *Parens scientiarum*, donnée pour Paris, et, qu'à cause de cela, Innocent IV ne parle pas des légistes. Les idées exprimées et la manière de les exprimer dans la bulle *In civitate Tolosana* d'Innocent IV, ne sont pas en général d'Innocent IV, mais de Grégoire IX.

chartes (t. LI, p. 381 sqq.); il trouve que le P. Denifle « a élevé avec un grand sens critique des doutes sur son authenticité », et que M. Fournier est dans l'erreur.

3. Lorsque l'on m'attaque justement, je ne m'en émeus point; mais il me fut impossible d'accepter en silence les frivoles reproches que me faisait, à chaque occasion, M. Fournier à qui j'avais si souvent rendu service. C'est pourquoi j'ai dit à M. Fournier que désormais il ferait mieux de s'adresser à d'autres qu'à moi, pour avoir des copies et pour tout ce qu'il désirerait obtenir des Archives du Vatican. Néanmoins, j'ai été forcé d'aider quelquefois les employés des Archives du Vatican dans leurs recherches.

4. Je ne voulais pas répondre à M. Fournier ni l'attaquer; seulement je lui ai refusé les bonnes feuilles du vol. II de notre *Cartulaire*, dont il désirait avoir communication, faveur qui lui avait été accordée pour notre t. I. Après, a paru le t. II de ses *Statuts* (1891). J'ai trouvé dans la Préface les mots déjà cités. Il ne me resta plus de doute sur sa manière de penser à mon sujet. Je fus confirmé dans cette conviction par quelques notes dans le courant du volume, par exemple, par ses expressions, II, 651, note, au sujet de l'Université de Perpignan : « Il faut ajou-« ter la trop courte notice de Denifle, *Die Universitäten*, I, 515, « et les renseignements intéressants fournis par Kaufmann, *Gesch.* « *der deutschen Universitäten*, I, Vorgeschichte. » M. Fournier, à son bon plaisir, a oublié que j'ai traité seulement la fondation des Universités et pas encore leur organisation, réservée pour le tome second des *Universitäten*. Cinq pages, je crois, suffisent pour la fondation de l'Université de Perpignan; M. Fournier a beaucoup profité de ces 5 pages, suivant son habitude, et il aurait pu encore en profiter davantage. Mais Kaufmann? Où sont les renseignements intéressants fournis par ce dernier? M. Fournier ne cite pas la page. Kaufmann parle (p. 394, note 6), en 5 lignes, de l'Université de Perpignan, et renvoie

le lecteur à la « perspicace exposition » de Denifle, p. 515.
M. Fournier a ainsi compté sur les lecteurs qui ne savent pas
l'allemand.

Après cela, je ne voulais que lui donner un « avis au lecteur ».
Dans la préface du tome II du *Cartulaire* de l'Université de Paris,
je n'ai fait que critiquer d'une manière convenable quelques-unes
de ses assertions ; qui lira cette brochure verra que j'ai été très
indulgent pour M. Fournier, car je savais déjà alors ce que je
dis à présent. Mais les quelques remarques que je fis suffirent
néanmoins pour entraîner M. Fournier, dans son récent livre
« *Histoire de la science du droit* » (t. III), aux plus vives invectives
contre mon ouvrage sur les « *Universitäten des Mittelalters* » ; il
s'est cru en possession de tous les documents et ne s'attendait
plus à aucun secours de ma part.

5. Je ne trouve pas le mot pour qualifier cette tactique. Si
encore ces invectives étaient justes ! Mais elles sont aussi injustes
que le reproche, p. x, note, qu'il me fait d'avoir publié dans le
tome II du *Cartulaire*, comme inédits, deux documents qu'il
avait déjà publiés lui-même dans le t. I de ses *Statuts*, à savoir
les deux documents du *Chartul.*, t. II, nº 601 (Fournier, I, 15)
et II, nº 725 (Fournier, I, 546). Or j'ai publié le premier document d'après l'original qui se trouve à Paris et que M. Fournier,
qui demeure toujours à Paris, n'a pas connu, et pour prouver
que le document n'est pas inédit, je cite dans la note : *Recueil
des privilèges*, p. 75, et Du Boulay, V, 790. M. Fournier publie
seulement le document d'après Du Boulay, V, 790, avec la fausse
date, 27 février. De plus, il n'a pas lu l'Introduction au tome I
du *Cartulaire*, où, p. xxxi, nous avons dit : « Cum chartas apud
Bulaeum jam vulgatas ex manuscriptis recudimus, solum Bulaeum
citavimus. » M. Fournier a connu la seconde pièce seulement
par le tome I de notre *Cartulaire*, I, nº 147, note, qu'il cite aussi
dans le tome II ; il a fait faire la copie d'après mon indication.
Pourquoi me faire cet injuste reproche, quand lui-même publie,

par exemple, comme inédit (*Statuts*, II, n. 1482) le document de
Pierre IV d'Aragon pour Perpignan, lequel a été imprimé dans
Massot-Reynier, *Les coutumes de Perpignan*, 1848, p. 79. Pourquoi ne mentionne-t-il pas que les Statuts de l'Université de
Perpignan ont été publiés en partie par le même? M. Fournier
prétend que Massot-Regnier (*sic*) a indiqué seulement « l'existence de documents, qui d'ailleurs n'ont pas été utilisés [1] ».

I. — LES INVECTIVES DE M. FOURNIER

1. Avant de discuter les ouvrages de M. Fournier, je veux
répondre en toute brièveté aux invectives lancées contre mon
ouvrage. Le lecteur de cette brochure trouvera naturel que je ne
veuille pas m'engager dans une discussion avec M. Fournier.

Il dit que mon premier volume sur les Universités est un
véritable chaos. « Les matériaux sont aussi riches que le désordre
est grand. On y traite à la fin du livre ce qui devrait être au
commencement, » etc.

M. Fournier n'a pas lu ma préface aux Universités (p. xxiii),
où j'explique la méthode que j'ai adoptée, à savoir la méthode
analytique et non pas la méthode synthétique. M. Fournier ose-
rait-il appeler la méthode analytique un chaos? En développant
(p. xxv) le plan de mon ouvrage, je dis, p. xxvii et p. 220, pourquoi, dans le tome I, je ne groupe pas les Universités chronolo-
giquement ou d'après les pays. M. Fournier pouvait apprendre,
par le titre de mon livre, que je n'avais pas la prétention d'écrire
une histoire des Universités. Je ne veux pas en dire davantage
à M. Fournier. Le lecteur jugera plus loin s'il appartenait à un
tel auteur d'appeler l'ouvrage d'un autre un véritable chaos.

Il me reproche d'embrasser toutes les Universités du moyen
âge. Les critiques les plus compétents de l'Europe ont trouvé
là un grand mérite et M. Fournier lui-même doit m'en être

1. Voyez plus bas, p. 26.

reconnaissant, car, sans cela, ses ouvrages seraient encore plus incomplets qu'ils ne le sont.

Il me reproche en outre : que dans le tome I, j'étudie seulement la formation des Universités et que l'on n'apprend rien de leur organisation, « que l'auteur traitera peut-être dix ans après. » M. Fournier est, sans doute, le premier qui condamne la maxime célèbre d'Horace : « Nonumque prematur in annum. » Si M. Fournier avait seulement pratiqué cette maxime ! Au contraire, il a composé tous ses livres à la vapeur, à l'électricité. Il n'a pas compris qu'il ne s'agit point de publier vite les livres, mais de les bien publier.

2. Il prétend, de plus, que mon livre n'est ni exact ni complet, et il trouve que je devrais avoir une plus grande connaissance des documents.

M. Fournier oublie, lorsque tel est son plaisir : 1° que mon ouvrage sur les Universités n'est pas un cartulaire où doivent se trouver tous les documents ; 2° que j'ai seulement traité la formation ou la fondation des Universités et nullement leur organisation, et que je devais réserver beaucoup de documents pour mon second volume. D'ailleurs, comment M. Fournier ose-t-il me reprocher de n'avoir pas une connaissance suffisante des documents, lui qui s'appuie, dans au moins le quart de ses volumes, sur les indications de documents puisées dans mon ouvrage, qu'il couvre d'invectives? Quelle hardiesse faut-il pour reprocher à un auteur d'avoir écrit un ouvrage « ni complet, ni exact », quand soi-même on écrit des volumes qui sont les plus incomplets et les plus inexacts du monde. Je doute qu'il existe un auteur auquel la critique puisse reprocher autant d'inexactitudes et d'omissions qu'à M. Fournier. « Il me semble, » dit-il, « que le principal mérite des ouvrages de ce genre est d'être complet et exact. » Or, il n'est nullement indispensable qu'un exposé comme le mien, *Die Universitäten*, contienne tous les documents ; mais il est indispensable qu'un recueil du genre des volumes publiés par M. Fournier, qui sont des collections de documents, soit aussi complet et exact que possible, parce qu'un tel ouvrage doit servir de base à tout exposé.

Il me reproche de ne pas avoir connu un document de 1292 sur l'Université de Montpellier, lui qui a seulement appris, par la bienveillance et la publication d'une demoiselle (Guiraud), l'existence de plusieurs documents relatifs à cette Université.

Il trouve que mon livre n'est pas complet, il prétend que j'ai oublié de faire mention des *studia* de Gray et de Nîmes. Est-il possible? En premier lieu, c'étaient des *studia* sans avenir; en second lieu, j'ai publié bien avant lui dans *Archiv f. Litteratur- u. Kirchengesch.* IV (1888), p. 247, le plus important document sur Gray. Il a, il est vrai, après, copié ce document pour le deuxième volume de ses *Statuts*, mais de telle manière que l'innocent lecteur est induit à croire que M. Fournier lui-même a puisé dans la source des Archives du Vatican[1]. J'ai également nommé le *studium* de Nîmes (*l. c.*, p. 262, note 1), et je conteste qu'il eût été une Université.

Le *lapsus calami*, p. 430, qui m'était échappé, que le collège fondé par le cardinal de Nîmes était différent de celui de Maguelone, est pour lui une preuve de mon inexactitude, et que je ne contrôle pas mes affirmations. Il ose lancer cette accusation en présence d'un ouvrage de plus de 800 pages, qui s'appuie sur des milliers de documents, inconnus avant moi.

3. Finalement, M. Fournier trouve que j'ai été très injuste envers lui. « Enfin, le P. D., à propos de l'interprétation de « certains *rotuli*, s'efforce de mettre en garde les érudits contre

---

1. M. Fournier a copié jusqu'à ma manière de citer les registres (f° 10ᵇ, au lieu de f° 10 vᵒ, qui serait la sienne) L'originalité de son édition (*Statuts*, p. 737) consiste à avoir substitué quatre fois aux deux points qui remplacent les noms propres, suivant l'usage de la chancellerie pontificale, trois points (comme il fait partout), ce qui donne à penser au lecteur instruit qu'il fait des coupures dans le document. Si la même faute de ponctuation se trouve souvent dans l'*Index chronologicus de Jourdain*, qui était avant tout un savant classique, elle est impardonnable chez un archiviste-paléographe.

« une prétendue erreur que j'aurais commise, p. xiii (*Chartul.*) :
« Errat Fournier, cum animo concipere videatur facultati legum
« [à Montpellier, an. 1378] duos doctores praeter quosdam licen-
« tiatos, baccalareos et scholares; facultati medicinae octo magi-
« stros, tres licentiatos, septemdecim baccalareos et viginti septem
« scholares; facultati artium unum tantum magistrum et undecim
« scholares adfuisse! — et il ne s'aperçoit point que j'ai simple-
« ment répété ce qu'il avait lui-même écrit dans un autre de ses
« ouvrages. On trouvera, d'ailleurs, plus loin, la réfutation de
« cette note qui soulevait une question très intéressante. (Voy.
« chapitre IV, p. 479.) » En effet, M. Fournier revient à cette
question, p. 479-482. Il cite le texte de sa note incriminée par
moi : « Il est seulement intéressant de savoir qu'il y avait à la
Faculté de droit : 5 docteurs en décret, 21 licenciés en décret
...2 docteurs ès lois, 10 licenciés ès lois... » « J'ai relevé qu'il y
avait, à Montpellier, 276 étudiants français, » etc. « Il résulte de
ce document qu'il y avait, à ce moment, à Montpellier, 8 magistri
in medicina, 3 licentiati, » etc. M. Fournier daigne espérer que
Denifle comprendra, en seconde lecture, que la note ne fait que
résumer les documents; qu'elle n'a jamais voulu dire que ce
personnel fût *exactement* celui qu'indiquaient les *rotuli*.

Malgré tous mes efforts, il m'est impossible de trouver autre
chose que ce que j'ai trouvé; M. Fournier a véritablement cru
que le *rotulus* de Montpellier, de 1378, comprenait exactement
le personnel de l'Université. Si M. Fournier dit qu'il a simplement répété ce que j'ai écrit moi-même, en citant ce que j'ai
mis dans mon livre sur les Universités, 1, 355, il se trompe, ou
il est de mauvaise foi. J'ai dit : « Darin » (im Rotulus) « werden
2 Doctoren in legibus, 5 in Decretis, 11 licentiati in legibus.....
aufgezählt », etc., en français : « *Dans le Rotulus*, sont *énumérés*
2 docteurs ès lois, 5 docteurs en décret, 11 licenciés ès lois, » etc.
Il me semble qu'il y a une différence essentielle entre dire : « tant
d'étudiants sont énumérés dans le *rotulus* de Montpellier », et

dire : « il y avait tant d'étudiants à Montpellier ». Si M. Fournier
voulait se servir de la formule : « Il y avait tant d'étudiants à telle
Université, » il devait faire comme moi dans mon ouvrage,
p. 269, mettre « au moins » avant le nombre, par exemple : « A
Orléans, il y avait, en 1343, au moins 8 legum doctores. »

M. Fournier va plus loin. « Je crois, dit-il, pouvoir établir que
les chiffres donnés par les *rotuli* de 1378 doivent à peu près
correspondre à la réalité. » M. Fournier croit prouver cela, entre
autres, en comparant le *rotulus* de 1362 avec celui de 1378. Ceci
est la « question très intéressante » à laquelle il fait allusion, p. x.

Mais pour le lecteur il est très intéressant de voir avec quelle
facilité on peut se tromper. M. Fournier n'aurait jamais dû affir-
mer une telle chose, sans avoir vu auparavant les *Registres* des
papes, où se trouvent les *rotuli*. Dans ces registres (Suppl. Clément VII, an. 1), j'ai trouvé, çà et là, plusieurs docteurs et étudiants qui, en 1378, étaient à l'Université de Montpellier et ne
figurent pas dans les *rotuli* de cette année, et les registres ne
sont pas complets et ne contiennent pas tous les noms :

Andreas Saladini, presb. monachus monasterii S. Victoris Massil.
expresse professus, decret. doctor, actu legens hora doctorali in studio
Montispessulani.

Salvator de Galhaco, bacall. in legibus, actu legens in studio Montispessulani.

Guillelmus de Ruppeforti et Petrus de Ruppeforti, ambo baccalarei
in decretis, actu legentes in studio Montispessulani.

Hugo Sabaterii et Guillelmus Sabaterii in jure can. in Montepessulano studentes.

Henricus de Cabilone, studens in jure civili in studio Montispessulani.

Je dois faire observer que je n'ai pas cherché ces noms, mais
que je les ai trouvés en passant, sans prendre note des médecins
et des artistes. M. Fournier oublie aussi que les Universités, à
cette époque, ont souvent rédigé deux *Rotuli* la même année, le

second étant un supplément du premier. J'en donnerai plus loin quelques exemples.

4. Voilà les reproches principaux que M. Fournier croit convenable de me faire.

J'entre maintenant dans la critique des deux volumes de M. Fournier : *Statuts et privilèges des Universités françaises*. Je me bornerai à une recension très brève, et je prendrai dans ces deux volumes seulement quelques morceaux comme spécimen de l'ensemble. Si M. Fournier ne veut pas la paix, il aura la guerre et je discuterai tout le Recueil de la manière suivante, en me réservant pour une autre fois la critique de son ouvrage *Hist. de la science du droit en France*, sur lequel je ferai seulement dans cette brochure quelques remarques en passant.

II. — LES FAUTES DU RECUEIL DE M. FOURNIER.

1. La source principale des fautes commises par M. Fournier est sa précipitation. Il n'a pas pris le temps indispensable de concevoir un plan avant de commencer ; il n'a pas eu non plus le temps d'étudier les différentes questions de l'époque à laquelle se réfèrent ses textes ; il n'a pas pris le temps de chercher les documents, de collationner les textes, de préciser leur exactitude, d'en amputer toute inutilité, d'expliquer dans les notes les difficultés qui se trouvent souvent dans les textes et de développer certains points. Il a trop fait travailler des auxiliaires qui n'étaient pas toujours très capables, tandis que lui-même n'a pas pris la peine de penser ni de réfléchir. Son Recueil est plutôt l'œuvre de ses copistes que de lui-même [1].

1. Le travail personnel de M. Fournier se réduit à peu de chose : recherche des textes (imprimés de préférence aux sources manuscrites), quelques copies faites par lui-même, enfin payement des copistes et introduction des abréviations de certains mots, comme baccalarius, diocesis, juris, artis, etc. Mais encore est-il douteux que ces abréviations soient de son propre crû. Ce qui lui appartient, c'est la pauvre et confuse énumération des sources au commencement de chaque Université, répétée dans son *Hist. de la science du droit*.

2. Le plan des deux volumes et, sans nul doute, aussi celui du troisième qui doit paraître, est totalement manqué ; quand même M. Fournier aurait donné à son ouvrage le titre de *Cartulaire* et non pas de *Statuts et privilèges des Universités*, toujours serait-il manqué. En effet, il n'y a aucun plan. Ce Recueil, tel qu'il est, présente un véritable chaos. Bien entendu, dans un seul et même volume, se trouvent publiés les documents de plusieurs Universités. Cet inconvénient était peut-être inévitable. Mais M. Fournier rédige les documents de chaque Université en ordre strictement chronologique, comme dans un *Cartulaire*, au lieu de les grouper selon leur ordre logique. Il en résulte que ce qui devrait être réuni se trouve séparé. Ce manque de système se manifeste surtout lorsqu'il s'agit des Universités de Toulouse et d'Avignon. Des statuts destinés à rester ensemble et se complétant l'un l'autre sont jetés çà et là, selon l'année dans laquelle ils furent émis ; éparpillés parmi ces statuts, se trouvent d'autres documents, spécialement ceux qui regardent différents collèges. Voici, par exemple, ce qu'on trouve. Après un statut d'université viennent une foule de documents appartenant au collège de Saint-Martial, mêlés avec d'autres qui se réfèrent aux collèges de Périgord, de Maguelone, de Pampelune, ensuite autre chose, et puis de nouveau ce qui appartient au collège de Saint-Martial, etc. C'est vraiment malheureux pour M. Fournier que, dans sa précipitation, il n'ait pas attendu l'apparition de notre second volume du *Cartulaire*, car M. Fournier a besoin d'un modèle. Quoique éditeurs d'un *Cartulaire*, nous avons réservé aux collèges deux volumes à part où chacun des collèges sera traité séparément. En outre, nous nous sommes gardés de séparer ce qui doit rester réuni. M. Fournier aurait pu aller plus loin, particulièrement en ce qui regarde Toulouse, qui demande une manipulation toute différente des autres Universités françaises. Mais il n'a pas pris la peine de réfléchir.

Il aurait dû donner au moins à la fin de chaque volume un

Index rerum où l'on aurait trouvé sous leurs titres les matières connexes. Au lieu de cela, il nous offre seulement une table des documents et un *Index personarum*. A juger de tout l'arrangement de son livre *Hist. de la science du droit*, où ne se trouve absolument rien d'approfondi, M. Fournier paraît l'envisager comme un *Index rerum* de ses trois volumes des *Statuts*. En effet, il a raison! Malheureusement, malgré l'extension de cet *Index*, il est incomplet, parce qu'il s'occupe principalement de l'étude du droit et ne contient presque rien de la théologie, de la médecine et des arts. Du reste ce volume lui-même aurait besoin d'un *Index* détaillé qui permît de retrouver les matières.

Le chaos ne fit que s'accroître lorsque M. Fournier, dans la hâte avec laquelle il travaillait, fut forcé de faire de grands suppléments. Il commence déjà dans le 2ᵉ volume en traitant l'Université de Montpellier. Ce défaut devient plus grave lorsqu'il s'agit des Universités d'Orléans, d'Angers, de Toulouse, qui forment la matière du 1ᵉʳ volume. Une grande partie des documents paraîtront seulement dans le 3ᵉ volume, comme « supplément général », déjà annoncé par M. Fournier. Or, je veux appeler l'attention de M. Fournier et du lecteur sur le fait que ce supplément, qui doit paraître, sera également incomplet, car il y manque tous les documents (à peu près 100) que je vais énumérer plus loin dans le § 3 et dont je donne 36 presque en entier dans les pièces justificatives. Donc, après le supplément général du 3ᵉ volume, devra venir un autre supplément, la plupart des documents omis étant aussi importants que ceux qu'a édités M. Fournier. Mais il faut ajouter que j'ai examiné les volumes des Archives du Vatican seulement jusqu'à l'année 1418 et qu'il reste à examiner jusqu'à l'an 1500 un total de 1.000 volumes, que M. Fournier n'a jamais vus; quant aux matériaux des Archives nationales de Paris, je les ai examinés jusque vers l'an 1400. Il sera donc, après cela, nécessaire de publier un nouveau supplément. En conséquence, on sera forcé de chercher dans quatre ou

cinq volumes les documents d'une année, qui se rapportent aux
Universités françaises, à l'exception de celle de Paris. Voilà le
résultat de la précipitation de M. Marcel Fournier.

3. La confusion se trouve chez M. Fournier jusque dans les
détails. Il publie, par exemple, II, 733, comme le premier
document pour le *studium* de Lyon, la bulle d'Innocent IV
de 1244-1245. Mais cette bulle n'est pas un document pour
quelque *studium* de Lyon ; au contraire, c'est la charte fondamentale pour le *studium generale* de la curie romaine. Le lieu était
tout à fait accidentel pour ce *studium* ; c'était une fois à Lyon,
l'autre fois à Naples, aujourd'hui à Anagni, demain à Rome ou à
Orvieto, etc., où se trouvait, au moment donné, la curie romaine.
Ce *studium* était sans aucun rapport avec le *studium* d'une ville
où résidait la curie, ou avec la ville même. Si M. Fournier avait
lu avec une plus grande attention mon livre sur les Universités,
p. 3, not. 11, p. 223, p. 301, il aurait évité cette confusion.
Dans son *Hist. de la science du droit*, p. 716, il se donne l'air
d'un maître savant, en disant : « Il importe d'éviter ici des
confusions regrettables. » Mais c'est lui qui n'a pas évité les
confusions regrettables de quelques-uns de ses prédécesseurs.

A cette occasion, il montre aussi sa mauvaise foi. P. 717, il
écrit : « On avait cru *jusqu'ici*, sur la foi du *Corpus juris canonici*,
« que le *studium*, organisé d'abord à Lyon (par Innocent IV), était
« exclusivement consacré aux études juridiques. Mais la comparai-
« son du texte du *Corpus* avec un original du ms. 72 de Grenoble
« prouve que Boniface VIII avait tronqué le texte de son pré-
« décesseur... Innocent IV avait en effet créé un *studium generale*
« également pour la théologie. » Donc, jusqu'à M. Fournier, on
n'a pas eu connaissance de ce fait? Pardon, Monsieur Fournier, la
bulle du ms. 72 de Grenoble a été, il y a longtemps, publiée par
Schulte dans son *Iter gall.*, p. 382, et ensuite par moi dans mes
Universités, p. 302. C'est moi qui, pour la première fois, ai fait
l'observation que la bulle d'Innocent IV fut tronquée par Boni-

face VIII, et qu'Innocent IV avait créé un *studium generale* également pour la théologie. M. Fournier a seulement traduit en français mes assertions en les restreignant[1]. C'est vraiment trop fort, mais le lecteur pourra maintenant être fixé sur la tactique de M. Fournier.

Après cette digression, passons au sujet principal.

4. Cet état de choses explique pourquoi M. Fournier n'a pas trouvé le temps d'étudier à fond les questions qui se rattachent aux documents contemporains. Ce défaut se fait ressentir au plus haut degré dans le traitement de deux époques, à savoir : 1° lorsque après le roi de France l'Université de Paris, en l'année 1403, suspendit la *substractio obedientiae* envers Benoît XIII. La même année, l'Université de Paris, qui jusque-là n'avait pas, en général, voulu reconnaitre le pape Benoît XIII, lui envoya plusieurs *rotuli* très longs. Quiconque voudra étudier cette époque sera forcé de recourir à notre *Cartulaire* et aux trois volumes in-4 de M. Fournier. On rencontrera dans notre *Cartulaire* (t. III) les *rotuli* envoyés par l'Université de Paris, tandis qu'en parcourant le Recueil de M. Fournier, on ne découvrira aucun des *rotuli* de l'année 1403. Le savant qui verra cela devra en conclure qu'il n'y eut que l'Université de Paris qui s'attacha à

---

1. Voici mon texte (*Univ.* I, p. 302) : « *Bisher glaubte man*, dieses Studium sei ausschliesslich eine Rechtsschule gewesen, verführt durch den Text in den Decretalen *Bonifaz VIII* (ici je cite en note le passage du Sexte). Allein man hat hier ausser Acht gelassen, dass dieser Papst die genannte Bulle Innocenz IV, wie andere Bullen seiner Vorgänger, die er in seine Decretalensammlung aufnahm, *veränderte und verkürzte*. Aus dem unverkürzten Text, der noch erhalten ist, ergibt sich aber, dass Innocenz IV, *das Studium an der Curie nicht bloss für Jus can. und civile, sondern auch für die Theologie gegründet hat* (et je cite en note le passage du ms. 72 de Grenoble). » M. Fournier, comme on peut le constater maintenant, a traduit mes expressions, en abrégeant un peu, en se gardant bien d'indiquer au lecteur la source de sa science. Dans son *Histoire de la science du droit* on trouve souvent le même procédé, comme je le prouverai dans une autre occasion. Peut-être qu'il s'excusera en disant qu'il cite mon ouvrage, mais il le cite avec et comme les autres, en général, sans aucune observation. Nous trouvons M. Fournier plus juste dans la note de son Recueil, II, p. 733. Alors il n'était pas encore aveuglé par sa malveillance contre moi.

Benoît XIII, tandis que presque toutes les autres Universités françaises, qui, au commencement du pontificat de cet
antipape et après, étaient portées pour lui, se tinrent sur la
réserve en 1403.

Mais ce jugement serait tout à fait erroné. La faute en est à
M. Fournier ; n'ayant pas étudié cette époque, il n'a pas senti la
nécessité de chercher des documents y relatifs et de remplir les
lacunes qui se trouvent dans les ouvrages sur les Universités françaises. Plus loin, dans les pièces justificatives, le lecteur trouvera
ce qui devait figurer dans les volumes de M. Fournier : les *rotuli*
abrégés des Universités d'Orléans, Angers, Toulouse, Montpellier, Avignon, de l'année 1403.

La seconde raison, pour laquelle ces *rotuli* ne se rencontrent
pas chez lui, je la dirai dans le § 3.

Une autre fameuse époque est celle du concile de Constance.
On connaît le rôle que les Universités y ont joué, représentées
par leurs ambassadeurs. On ne peut savoir, ni par les *Statuts*, ni
par l'*Hist. de la science du droit* de M. Fournier, quels ont été ces
ambassadeurs, à l'exception d'un ambassadeur de Toulouse. Et
pourtant les historiens de nos jours attachent une grande importance à savoir les noms des ambassadeurs des princes et des
Universités présents à ce Concile. Je veux du moins apprendre à
M. Fournier les noms de quelques-uns de ces ambassadeurs :
Theobaldus Regis, legum doctor et in eis Andegavis ordinarie
regens, ambassiator Universitatis ad concilium (1418). — Johannes
Bonrode (Fournier, *Hist. de la science du droit*, p. 203, « Hon-
rode »), mag. in art., lic. in utroque jure, ambassiator Univers.
Andegav. A M. Fournier, maintenant, de chercher les autres !

Cette faute d'omission n'est pas la plus grande. Ce qui est plus
sérieux, c'est que M. Fournier passe parfaitement sous silence
l'action des Universités au Concile. Du reste, tout historien doit,
d'après le Recueil de M. Fournier, conclure que les relations
entre les Universités et le Saint-Siège ont presque cessé compa-

rativement au temps passé depuis Benoît XIII. Une telle conclu-
sion serait injustifiée et ne reposerait que sur la légèreté de
M. Fournier, qui n'a pas même regardé un seul volume des
registres et des suppliques des papes depuis la fin du xiv⁰ siècle.

5. On me trouvera peut être trop exigeant (ce dont m'accuse
M. Fournier) si je lui reproche de n'avoir pas ajouté quelques
notes aux documents, pour expliquer différents termes, usages,
titres de livres, etc., et pour aider d'autres savants à écrire la
biographie de certains personnages. Mais, certes, il nous sera
bien permis de demander à un autre ce que nous avons nous-
même accompli dans notre *Cartulaire*.

C'est ici le lieu de dire que M. Fournier a encore omis de
montrer dans ses notes l'influence qu'ont subie certains statuts
par les règlements d'autres Universités, par exemple les statuts
de Montpellier et d'Avignon, par ceux de Bologne ; les statuts de
Toulouse, par ceux de Paris et Bologne ; les statuts de Perpignan, par ceux de Lérida et de Bologne. Ce défaut se trouve
non seulement dans son Recueil de documents, mais aussi dans
son *Hist. de la science du droit* où chaque Université est traitée
comme si elle n'avait imité aucune autre Université, ni dans sa
formation, ni dans son organisation. Chaque Université est un
« deus ex machina[1] ». En traitant d'une Université il oublie ce
qu'il a dit d'une autre. Qui peut s'étonner de voir qu'il est fort
embarrassé, p. 260, pour fixer le sens du mot *banquerii* à Toulouse, tandis que p. 446 et 492 il n'a aucun doute pour les
banquerii de Montpellier?

6. Mais je suis peut-être trop exigeant en demandant à

---

1. Il faut lui faire le même reproche relativement aux *puncta taxata*. D'après
l'exposé de son *Hist. de la science du droit*, p. 282 et suiv., on devrait conclure que
l'usage des *puncta taxata* a été une spécialité des Universités françaises surtout de
Toulouse. Cela s'appelle tromper le lecteur. M. Fournier aurait pu trouver dans
mon article sur les statuts de Bologne (*Archiv f. Litteratur-und Kirchengesch. des
Mittelalt.*, III, 238 suiv.), que l'usage des *puncta taxata* remonte jusqu'aux Universités d'Italie. Il y a peu de temps, j'ai même découvert que ces *puncta* étaient déjà en
usage en 1261 à l'Université de Padoue (*Archiv*, etc. VI, 328, 519).

M. Fournier un pareil travail. Voyons plutôt s'il a rempli le premier de tous les devoirs d'un éditeur de documents, c'est-à-dire si ses textes sont corrects. Je me borne à citer quelques exemples. Regardons d'abord certains passages d'un rotulus de Toulouse dans les *Statuts*, I, 632.

Ce qui m'y frappe, ce sont quelques mots entre crochets dans l'édition de M. Fournier. En général, on imprime de la sorte les mots suppléés par l'éditeur. Ce serait une grande erreur de juger ainsi le cas présent, chose toute différente. Le copiste, lorsqu'il ne savait pas bien lire un certain mot, l'écrivait au crayon, en se réservant de l'écrire à l'encre après la collation du document. Mais M. Fournier, avec sa précipitation habituelle, a toujours demandé avec une telle furie l'envoi des copies, que toute collation était hors de question [1]. M. Fournier aurait-il du moins envoyé les épreuves, comme on l'a fait à Montpellier pour le *Cartulaire de l'Université*? Qui peut dire ce que M. Fournier a pensé en procédant de la sorte? Peut-être a-t-il pris les mots au crayon pour des suppléments des copistes [2]?

On rencontre dans le même rotulus à peu près soixante fois la formule : « in quarto, quinto, etc., anno sue auditionis *exeunti*, » ou : « *exeunti* in VI° anno sue lecture, » etc. Qu'est-ce que cela veut dire? C'est très simple : le copiste a mal compris l'abréviation « exnti », au lieu de lire *existenti*, il a lu *exeunti* et M. Fournier a laissé ce non-sens soixante fois intact!

Les mots mal lus sont innombrables, quelquefois en peu de lignes. Par exemple :

I. 632   « Vayssere » au lieu de « Vayserie ».

---

1. I, 113, note, il dit : « La difficulté qu'on éprouve à trouver des copistes aux Archives du Vatican m'a obligé d'indiquer seulement ces documents (quelques prétendus *rotuli*) à leur date. » M. Fournier se trompe. Je ne me rappelle pas qu'un autre, soit Français, soit Hongrois, soit Allemand, soit Anglais, ait jamais été impatient et pressé comme lui. Tous les autres ont laissé le temps nécessaire pour exécuter les copies et pour les collationner.

2. Voir d'autres exemples de la même confusion, II, 331 et 340.

I. 632 « Mersegne », au lieu de « Mesergue ».

  « Tregoni »,   — « Trogonii ».

I. 599*b* « Bogneto », — « Boqueto ».

  « Sabuto »,   — « Sabulo ».

  « Formello », — « Forinello ».

  « Chazell »,   — « Chazellis ».

M. Fournier confesse lui-même les imperfections du premier volume de son Recueil, mais les imperfections du second volume sont plus graves que celles du premier. Voyons quelques passages des *rotuli* d'Avignon :

II. 342 (1) « Ciprionis[1] », au lieu de « Nyonis ».

  343 (14) « primarie », — « penitentiarie ».

   (5) « Giennen », — « Viennen ».

   (9) « Fitmhiaco », — « Sitinhiaco ».

M. Fournier pouvait de lui-même corriger la faute, parce que ce personnage est nommé comme nepos Petri card. de Setiginaco (lege : Setigniaco). La même faute, p. 331 et dans l'Index[2].

  • (18) « Bamino », au lieu de « Bannino ».

   (37) « Ruchivan », — « Ruthuran ».

Les fautes suivantes sont impardonnables, parce qu'un véritable historien devait au moins savoir que les noms en question ne peuvent pas être des noms de diocèse. Quand on a des doutes, on doit s'abstenir de passer outre. Mais M. Fournier est toujours pressé.

II. 344 (25) «Autisensis dioc.», au lieu de «Autissiodorens. dioc.»

  356 (194) «Causcencien. dioc.», — «Constancien dioc.».

  340 (272) «cler. Seginien.», — «cler. Seguntin.».

  368 (267) «Scovilien. dioc.», — «Foroiulien. dioc.».

1. La même faute est reproduite dans son *Hist. de la science du droit*, p. 691.

2. Plus tard (1418), nous rencontrons un autre « nepos card. de Setigniaco », le François de Setigniaco, « baccal. in leg. in stadio Avenion. actu legens. » Reg. Suppl. Martini V, an I, p. 8, fol. 271.

M. Fournier s'excuse, dans une note du premier volume de son Recueil, par le subterfuge, que les copistes du Vatican n'étaient pas à même de bien connaître les noms français. Mais les copistes sont-ils les rédacteurs responsables des ouvrages de M. Fournier? La rédaction n'est-elle pas sa tâche à lui? Tout rédacteur sérieux aurait dû au moins avoir des doutes sur la justesse des derniers noms des diocèses.

Les copies que M. Fournier a faites lui-même ne sont pas exemptes des mêmes fautes. Dans sa brochure *La nation allemande à l'Université d'Orléans* (1888)[1], p. 25 et dans le vol. Ier du Recueil, p. 139, on lit « Zwermensis » au lieu de « Zwerinensis. » Et qu'est-ce que ceci : Austrensis in Suevia? Augustensis?

II. 347 (130) « Campovilhomo », au lieu de « Campovilhono. »
348 (148) « Paudam »,   —   « Paridani ».
352 (352) « S. Populi »,   —   « S. Papuli ».
338 (141), 340 (257), 357 (229), 358 (303) « Aruchem (Aruchen) », au lieu de « Arnchem (Arnheim) ».
357 (236) « Emo », au lieu de « Bino ».
358 (301) « Vermen. »,   —   « Verinen. ».

1. Jusqu'ici, la rectification apportée à cette brochure, par Höhlbaum, dans *Mittheil. aus dem Kölner Stadt-Archiv*, a échappé à M. Fournier, comme on doit conclure de la note (p. 133) de son *Hist. de la science du droit*. Du reste, M. Fournier dit, à propos de Henricus de Oldendorp et de Jean Berswerd (*sic*) : « Seulement Schulte et Budinszky se trompent en faisant étudier ces deux professeurs à Paris. » C'est M. Fournier qui se trompe. Schulte ne dit pas le moins du monde que Henricus de Odendorp ait étudié à Paris, il le fait venir à Vienne avec Langenstein, sans donner à entendre qu'Henri soit venu de Paris. Mais Henricus de Odendorp était aussi maître ès arts, comme nous apprenons dans M. Fournier même (I, p. 134). Où Henricus avait-il pris son grade des arts? A Orléans? Non. A Paris. M. Fournier aurait dû lire avec plus de soin Budinszky, p. 134, qui cite les *Acta Nat. Anglic.* : « anno 1374 determinavit, a. 1375 lic. et incepit, » in scolis novis Almannorum, comme on lit dans les *Acta*, IV, fol. 45. Quant à Jean Bersword de Tremonia, M. Fournier pouvait se renseigner dans mes *Universitäten* (p. 396) où je démontre que Jean, d'après les *Acta nat. Anglic.* (Paris, Archives de l'Univ.), à Paris « in artibus determinavit, 1375; fecit suum introitum, 1378; fuit procurator, 1381. » Il appartenait à M. Fournier d'examiner si ce Jean Bersword est le même que celui d'Orléans et, dans le cas affirmatif, d'expliquer comment il a pu être, à Orléans, bachelier en droit en 1378.

Avec un peu plus de capacité, il aurait pu lui-même corriger les textes, car les mêmes noms se répètent maintes fois dans les documents cités.

II. 332   Egidius de Lahverre ; 345 (27)... de la Huerr.
    364 (16) ... de Lahuerra.
    333 (13) Petrus Sares ; 345 (20) Petrus Fares.
    333 (13) Philippus de Andest ; 348 ...Andeseti.
    334 (49) Petrus Malunssert ; 350 (238) ... Malnusardi.
         (76) Dominicus de Novali ; 345 (15) ...de Nonali.
    335 (112) Petrus Egidii de Aymar ; 349 (16) ... de Aynat.

Tout cela s'explique par le fait que divers copistes ont copié les différents documents. M. Fournier a été toujours si pressé, il n'a rien fait collationner.

8. Du reste, le peu qu'il a copié lui-même est pire encore, par exemple la pièce : « Une enquête dans un collège de droit, etc. » dans *Revue internat. de l'enseignement*, et qu'il a donnée au *Cartulaire de Montpellier*, ce qui a entraîné tant d'*errata*, quand j'ai pris la peine de collationner.

FOURNIER	MANUSCRIT
Et primo diligenter examinatus super vita, conversatione et moribus Meyssonerii de Hermalhis... deposuit : dictum Petrum esse bone et honeste conversationis; interrogatus qualiter scit, dixit : quod ex eo quia vidit dictum Petrum a tempore quo *idem loquens* venit ad *dictum monasterium* et postea continue bonum juvenem, honeste conversantem, bone indolis et bone vite, saltem quantum per exteriora apparere potest; et ita dici *audivit ab aliis*, nec ab *aliquo* de ipso *sinistrum* dici audi-	Et primo diligenter examinatus super vita conversatione et moribus Meyssonerii de Hermallhis... deposuit dictum Petrum esse bone et honeste conversationis; interrogatus qualiter *hoc* scit dixit quod ex eo quia vidit dictum Petrum a tempore quo *primo* venit ad *studium predictum* et postea continue bonum juvenem honeste conversantem, bone indolis, et bone vite, saltim quantum per exteriora apparere potest, et ita dici *ab aliis* monachis *audivit*, nec ab *aliquo* *sinistrum* de *ipso* dici audivit. Inter-

vit. Interrogatus de nominibus illorum a quibus *ita* dici audivit; dixit : se non recordari, sed communiter ab omnibus, cum satis notorium sit in dicto monasterio, qui sit bonus vel malus. Interrogatus si dictus Petrus sit obediens *dicto* priori *seu ejus locumtenenti,* in hiis que sibi præcipiuntur circa statuta et alia; dixit : quod *sit*[1], nec *unquam dictum dominum priorem nec* suos locumtenentes conqueri audivit.

Interrogatus si dictus Petrus *in factis seu verbis sit scandalosus inter fratres*, dixit : quod non saltem quod ipse *vidit et audivit*, sed *vidit* eum pacificum, modestum et diligentem. Interrogatus si *sequitur* horas canonicas, diebus dominicis et festivis, prout per dominum nostrum papam *est* ordinatum; dixit : quod *sit*, nisi *aliter sit* legitime impeditus, et tunc remanet de licentia *dicti domini prioris* seu ejus locumtenentis...

rogatus de nominibus illorum a quibus *pre*[dicta] dici audivit dixit se non recordari, sed communiter ab omnibus cum satis notorium s[it in dict]o monasterio qui sit bonus vel malus. Interrogatus si dictus Petrus [sit] obediens *ipsi... (effacé) alteri nomine ipsius* in hiis que sibi precipiuntur circa statuta regularia et alia, dixit quod *sic,* nec suos locumtenentes conqueri audivit, *nec conqueritur ipse loquens, cum semper in omnibus que sibi dicit et precipit ipse loquens, absque aliqua contradictione seu murmure reperit cum obedientem.* Interrogatus si dictus Petrus *contra sive inter fratres suos est* scandalosus *in factis seu verbis*, dixit quod non, saltim quod ipse *viderit aut audiverit*, sed *videt* eum pacificum, modestum et diligentem *circa studium suum... (déchiré) ba ad que tenetur.* Interrogatus si *sequatur* horas canonicas diebus dominicis et festivis, [prout per] *dictum dominum nostrum papam ordinatum est*, dixit quod *sic*, nisi *alias* legitime *esset* impeditus... *(déchiré)* remanet de licentia *ipsius loquentis* seu ejus locumtenentis...

Mais je ne veux pas être injuste envers M. Fournier, il s'excuse d'une façon singulière : « Je donne cette déposition d'après celle faite par le deuxième témoin, parce que le texte est ici très effacé. Ces deux dépositions sont semblables. » Voyons donc comment M. Fournier a copié la suite, sans y joindre aucune note.

1. C'est vraiment incroyable que M. Fournier écrive toujours *sit* au lieu de *sic.*

FOURNIER

2. Item interrogatus super vita, conversatione et moribus Ramundi de Podio, monachi dicti monasterii et ibi studentis in jure canonico; et primo interrogatus, si dictus Ramundus sit bone vite et conversationis; et suo juramento deposuit, quod sit... Interrogatus si dictus Ramundus est obediens sibi loquenti et suo locumtenenti in hiis quæ sibi precipiuntur, circa statuta regularia et alia; dixit : quod sit, nec suos locumtenentes, nec alios conqueri audivit. Interrogatus, si dictus Ramundus est scandalosus inter fratres suos in factis seu verbis, dixit : quod saltem ipse loquens viderit. Interrogatus, si audivit alios conquerentes... quod esset scandalosus vel bucosus; dixit : quod non. Item interrogatus si dictus Petrus sequitur horas canonicas diebus dominicis et festivis, pro ut per dominum nostrum Papam ordinatum est; dixit : quod sit, nisi aliter legitime fuerit impeditus ; et tunc remanet de licentia ipsius et ejus locumtenentis. Interrogatus si dictus Ramundus continue dicat pias[1] horas canonicas ; dixit : quia ita vidit et ab aliis monachis, de quorum nominibus dicit, se non recordari dici audivit...

1. M. Fournier a lu « pias » au lieu de « suas ».

MANUSCRIT

2. Item interrogatus et diligenter examinatus super vita conversatione et moribus Raymundi de Podio monachi dicti monasterii et ibi studentis in jure canonico, et primo interrogatus si dictus Raymundus sit bone vite et honeste conversationis dixit et suo juramento deposuit quod sic... Interrogatus si dictus Raymundus est obediens sibi loquenti et suo locumtenenti in hiis que sibi precipiuntur circa statuta regularia, et alia, dixit quod sic nec suos locumtenentes, nec alios conqueri audivit. Interrogatus si dictus Raymundus est scandalosus inter fratres suos in factis seu verbis, dixit :... (déchiré) saltim quod ipse loquens viderit. Interrogatus si audivit aliq[uos] alios conquerentes... (déchiré) udo quod esset scandalosus seu bucosus, dixit quod non. Item interrogatus si dictus Petrus sequitur horas canonicas diebus dominicis et festivis, prout per dominum nostrum papam ordinatum est, dixit quod sic, nisi aliter legitime fuerit impeditus, et tunc remanet de licentia ipsius seu ejus locumtenentis. Interrogatus si dictus Raymundus continue dicat horas suas, dixit quod sic. Interrogatus quomodo et qualiter scit quod dictus Raymundus continue dicat horas suas canonicas, dixit quia ita vidit et ab aliis monachis de quorum nominibus dicit se non recordari dici audivit...

9. Je ne veux pas continuer cette comparaison. Les copies faites à Perpignan par M. Fournier ne sont pas meilleures.

Statuts II. 678. Il écrit : [legendo vel...], au lieu de « x° vel 9 », c'est-à-dire : « decem vel novem ».

« Auctores, » au lieu de « actores ».

678. Un statut des médecins (n. LII) porte chez M. Fournier le titre de : « Secunda pars statuti medicorum cancelletur. » M. Fournier n'a pas remarqué que dans le manuscrit : « cancelletur, » est une addition postérieure. Le titre est « Secunda pars statuti medicorum ». M. Fournier devait rejeter en note : « cancelletur, » comme écrit par une main postérieure.

679.   « Quatuor *fenalias*, quatuor distinctiones.

       « due prime *fenialias* distinctiones, »

au lieu de : « Quatuor Fen, alias quatuor distinctiones,

       « due prime Fen, alias distinctiones. »

M. Fournier ne savait pas qu'Avicenne a divisé son *Canon* en *Fen* (p. 678). Il ne savait pas ce que signifient *posteriorum*, *priorum*; autrement, il aurait publié ces mots comme *Topicorum*, *Elencorum*, etc.

707 (3). « divi dicent », au lieu de « diiudicent. »

708, note 1 : En marge : « non hoc bene, » au lieu de : « no[ta] hoc bene. »

(14, 16) Six fois : « vespecie, vespesie, vespesians, » au lieu de : « vesperie, vesperians ! » Une faute impardonnable pour un homme qui s'occupe des Universités du moyen âge.

M. Fournier pouvait facilement corriger les textes, s'il avait pris les moyens convenables, par exemple, les statuts de Lérida, pour corriger çà et là le texte des statuts de Perpignan :

663, § xiv : « Articulus qui *premissus* non fuerat, » au lieu de : « ...*previsus.* »

636 (9). « Tecum adhuc retineas quedam insignia dignitatis, nec officium consiliarii vel aliud recipere cogeris. » Selon les statuts

de Lérida, on doit, entre « dignitatis » et « nec », insérer : « non
enim futuris rectoribus jurare teneris, nec, etc. » La construction demande une sentence entre « dignitatis » et « nec ».

670 (8). A la fin : « doctorum, » au lieu de « rectoris »,
« transgressorum, » au lieu de « transgressores ».

671, § xxvi (1). « Hospitia quecunque infra limites assignatos ad
habitationes scolarium *constitutos*, » au lieu de « *constructa* ».

672, § xxvii (1). « Pro *pretio* vero librorum... si eam stationarius
ad rescribendum pro exemplari tradiderit, » au lieu de « Pro
petia vero librorum... si eam, etc. ».

M. Fournier pouvait aussi corriger ses copies au moyen des
éditions qu'il cite, sans les avoir consultées; par exemple pour
Perpignan, celle de Massot-Reynier, *Coutumes de Perp.*, p. 79
et suiv. M. Fournier, II, 652ᵃ : « inde signanter », Massot-
Reynier avec raison « indesignanter », c'est-à-dire « indesinen-
ter »; Fournier « cum qua possumus diligentia », Massot-Reynier
« omni qua... »; M. Fournier « utilitatem », Massot-R. « utili-
ter »; M. Fournier « nuncupati providimus », M. R. « nuncupari
providimus ». M. Fournier pouvait éviter toutes ces erreurs en
consultant simplement mon livre (*Univ.*, p. 516) où j'indique la
source de l'Acte de Pierre IV pour Perpignan, c'est-à-dire
l'Ordonnance du roi Conrad pour Salerno (V. *Univ.*, p. 236).
M. Fournier, au lieu de me consulter ici, trouve préférable de dire
que ma notice sur Perpignan est trop courte! (V. plus haut, p. 5.)

Assurément, je suis trop exigeant envers M. Fournier, si je lui
demande de se rappeler ce qu'il a écrit lui-même quelques pages
plus haut.

M. Fournier publie I, 701, les *Juramenta* des théologiens de
Toulouse. En les publiant, il a tout à fait oublié qu'ils
ont pour base les statuts de 1366. Ainsi, il devait, p. 701²,
alinéa 2, après « quibuscumque » insérer : « verbis » (Stat. § 8);
alinéa 3, au lieu de « legent », il devait écrire « legentes » (Stat.
§ 10). Il lui est aussi échappé que l'alinéa 5 est défectueux. Il

devait suppléer ainsi : « jurabunt respondere de ordinaria, antequam Sententiarum [lecturam incipiant], sub altero ex magistris, vel saltem per ipsos non stabit [si non fecerint][1]. » Je crois que les conjectures de ce genre sont trop difficiles pour M. Fournier qui, I, p. 231, n° 307, n'était pas capable de corriger *ocasuras* en *rasuras*.

Quelquefois il donne le texte d'après les copies prises en seconde main, mais il indique dans la note la source originale pour duper le lecteur. Ainsi, I, n° 541, à la bulle de Clément V, 1306, avril 27, il cite, Arch. Vat., Reg. Clem. V, an 1, ep. 145. La bulle se trouve vol. 53, ep. 141, fol. 45. Les fautes trahissent M. Fournier : « que *circa* cultum, » au lieu de « que cultum » ; « ad judicium *ultra*, » au lieu de « *extra* » ; « in contrarium *edictis*, » au lieu de « ... *editis*; « *Perusii*, » au lieu de « *Ysidulii* ».

10. Les bulles de Clément V ont été funestes pour M. Fournier. Il ignorait tout à fait que Clément V n'a jamais été à Pérouse ; aussi laisse-t-il la date « Perusii », au lieu de « Ysidulii », n° 540, en omettant l'adresse « Venerabili fratri.. episcopo Tholosano. » Pourquoi n'a-t-il pas consulté le *Reg. Clem. V, cura monach. O. S. B.*, I, n° 1318 ?

La bulle n° 539, datée Perusii, que A. Molinier a justement attribuée à Clément IV, M. Fournier la donne néanmoins à Clément V, 1306, janv., 8, ignorant que Clément V, en 1306, janv. 8, résidait à Lyon, et sans voir que le pape écrit dans la bulle : « in Narbonensi provincia, *de qua originem traximus*. » Cela ne gêne pas M. Fournier.

La bulle n° 525, M. Fournier l'attribue à Clément IV, avec la date Perusii. Mais elle est en réalité de Clément V, datée Ysidulii. Dans son *Histoire de la science du droit*, p. 224, il a corrigé son erreur, en commettant une nouvelle erreur : il attribue la bulle à l'an 1305, 27 avril, ignorant que Clément V fut élu le

---

1. D'autres fois l'absence de quelques mots peut être une faute typographique, par exemple II, 742, il manque « causis » après « rationabilibus ».

5 juin 1305. Pourquoi n'a-t-il pas consulté le *Reg. Clem. V, cura monach. O. S. Bened.*, an. 1, nº 1315[1]?

En consultant seulement les livres qu'il avait sous la main, il pouvait éviter quelques-unes de ses erreurs : I, 25, nº 25, il cite les *Vidimus* de certains privilèges des papes pour Toulouse, selon les *Cartulaires* d'Orléans, entre autres les bulles nº 525 et 541 qui s'y trouvent avec la date juste : Ysidulii. Mais, quand M. Fournier est arrivé au nº 525, il avait déjà oublié ces ressources d'autrefois.

On rencontre souvent de fausses dates dans le Recueil de M. Fournier. Par exemple : I, nº 15, « 27 févr., » au lieu de « 25 févr. »; 620, nº 677, il écrit dans le texte d'une bulle d'Urbain V : « apud Montem Falconem, » dans la note, il met, selon le ms. lat. Paris. 4222 : « apud Montem Flasconem. » M. Fournier pouvait apprendre du *Reg. Aven. Urb. V*, vol. XVII, fol. 490, que ce dernier est le seul juste; « Apud Montem Falconem » devait être rejeté en note.

I, 622, il parle des statuts du collège de Maguelone, « par Grégoire XI, an. 1370 (?). » Mais Grégoire a été élu seulement en 1370, le 30 déc. Les statuts cités ne peuvent pas être de l'an. 1370.

I, 653, nº 698, on doit lire « 1379 » au lieu de « 1378 ».

I, nº 667 est de l'an 1364, parce que la bulle est de l'an second quoiqu'elle se trouve dans le registre de la 3e année.

Souvent on ne peut pas contrôler les assertions de M. Fournier, car, quand il donne un document (spécialement des bulles de papes) abrégé, il suit la mauvaise habitude de ne pas noter l'initium et la date originale du document.

---

1. M. Fournier, du reste, a coutume de consulter et de citer les publications de ce genre, quand les documents ne s'y trouvent pas, par exemple à propos de Lyon (II, 733) : « Le texte de la bulle n'est pas indiqué dans Berger, *Reg. Inn. IV* » (Berger ne pouvait pas mentionner cette bulle par la bonne raison qu'elle n'est pas dans le Registre). Mais quand il aurait pu trouver les documents, il se dispense de les consulter. Voy. par exemple pour Toulouse (Fourn. n. 518, 519), Pamiers (n. 1572), etc. Pour les nºˢ 18-22 il a consulté *Reg. Clem. V*, parce qu'il a été averti auparavant.

11. Je ne veux pas aller plus loin. Je tiens seulement à appeler l'attention du lecteur sur le fait que M. Fournier cite des documents qu'il n'a jamais vus, par exemple : I, p. 113, nᵒˢ 132, 133; p. 114, nᵒˢ 138-140, nᵒ 143; I, 273, il cite et annonce comme *rotuli* des documents qui ne sont, en vérité, que de simples suppliques.

Quelquefois il y a lieu de se demander si M. Fournier a réellement lu ce qu'il publie. Ainsi quand il dit (*Hist. de la sc. du droit*, p. 222, n. 4) : C'est Gatien-Arnoult qui a *le premier* signalé ce rapprochement entre Toulouse et Paris, à propos de la bulle d'Innocent IV : « in civitate Tholosana » et de la bulle de Grégoire IX : « Parens scientiarum ». Mais bien avant Gatien-Arnoult, Innocent IV lui-même nous informe qu'il emprunte le texte de Grégoire IX. Il suffit de lire la bulle publiée par M. Fournier, I, n. 523 : « ...juxta fe. re. Gregorii pape... ab ipso magistris et scolaribus Parisiensibus statuta concessa hec statuimus observanda. » M. Fournier a mal compris la note (*Univ.*, I, 334, n. 474) dans laquelle je disais contre quelques-uns : « Gatien-Arnoult, hat das Richtige erkannt. » D'ailleurs il oublie de me citer à ce propos.

12. De la faute d'avoir cité des documents qu'il n'a jamais vus, résulte une autre faute, celle de mal indiquer les sources. Par exemple, jamais il ne fait de distinction entre les Registres dits d'Avignon, et ceux de l'autre série aux Archives du Vatican. I, nᵒ 590, il cite : *Arch. Vat. Reg. Bened. XII*, t. III, p. 424; nᵒ 592, *Arch. Vat. Reg. Bened. XII*, t. CXXIII, fol. 384.

Qui peut imaginer ce qu'il veut dire? Lui-même ne le savait évidemment pas. Le premier numéro se réfère à la série d'Avignon; le second, à la série du Vatican (en parchemin); les deux séries ont une différente classification et numération. II, 719, Fournier cite : *Arch. Vat. Reg. Urb. V*, fol. 29. Mais quel volume? Quelle série? Il ne distingue pas non plus les volumes du Latran, des autres séries, par exemple, I, 799 : *Arch. Vat. cod. 131 Eugen. IV*. Mais

cette bulle est de la série du Latran. On rencontre cette faute
aussi dans l'indication des autres sources. II, 733, il cite : *Bibl. de
Grenoble*, ms. du Sexte, n° 477. M. Fournier n'a pas vu que ce
ms. ne contient pas le Sexte, mais, au contraire, une collection
de décrétales entre Grégoire IX et le Sexte, comme déjà l'ont
observé Schulte, *Iter Gall.*, p. 380, et P. Fournier dans son
Catalogue (le ms. est semblable à celui de Pressbourg, *Bibl. du
Chapitre*, n° 13). Le n° 477 est seulement le n° du *Catalogue* de
P. Fournier, et non pas celui que porte le ms. (72).

Ces fautes sont encore innocentes en comparaison de l'indication, II, 720, n° 1544, où une bulle d'Urbain V est accompa-
gnée de la note : « Arch. mun. d'Orange GG, 53, orig. pap. »
M. Fournier ne sait-il pas qu'une bulle d'Urbain V, sur papier,
ne peut pas être un original?

Qui peut s'étonner, en présence de cette ignorance, de trouver
dans le Recueil de M. Fournier, à la fin des *rotuli*, la lettre après
« Fiat » ou après les formules, tantôt imprimé en caractères
majuscules, tantôt en minuscules. Par exemple, II, 576; 689
« l », au lieu de « L ». M. Fournier ignorait sans doute que cette
lettre est l'initiale d'un nom propre qui demande la lettre majus-
cule. Il a publié les documents tels qu'il les a reçus de la main
des copistes, dont les uns savaient, les autres ignoraient la signi-
fication de cette lettre. Le Recueil de M. Fournier est tout simplement un travail de copistes.

Ainsi, jamais il n'a suppléé les noms des évêques, abbés, indiqués souvent dans les mss. par .., ou par leur simple initiale. Il y a
partout des exemples. Voir II, p. 174ª « G. abbatem Vallismagne »,
p. 415ᵇ « G. Conseranensi episcopo », p. 333, n° 39, « I. abb.
mon. Cluniac. » 741, n° 1571, « P. abbas Sandracensis. » Il n'est
troublé par aucun doute. II, 458 (152), il cite : « Sum[m]a Ieberi
philosophi. » Qu'est-ce que « Ieberus philosophus » ? Peut-être :
« Quidam liber philosophi? » — Après, M. Fournier édite : « de
eadem archemisic quidam tractatus. » Qu'est-ce que cela? Peut-

être : « De arte alchimie quidam tractatus ? » Quand M. Fournier, à cette occasion, n'a pas senti le besoin de faire des observations, on trouvera tout naturel qu'il passe sous silence, II, 458 (148), « exordia *Senesse*, » (150) : « epistolarum *Cenesse*, » et en général toutes les mentions, quelquefois très étranges, d'ouvrages bien connus dans l'histoire littéraire.

Au point de vue diplomatique, le Recueil de M. Fournier est tout à fait nul, soit pour le texte, soit pour les renseignements relatifs aux sceaux, à la valeur des manuscrits, etc.

13. Il suffit. Je ne veux faire aucune remarque sur la hâte avec laquelle M. Fournier, I, 597, n° 649, a inséré dans le texte quelques mots d'un ancien copiste : « Derrière est écrit : de curia Transmontanensis, et en aultre endroit : privilegium, etc. sellé du plomb avec de la fiselle. » Je ne veux pas insister sur ce fait qu'avec un peu plus de soin M. Fournier aurait pu établir son texte d'après des sources plus anciennes et plus pures, par exemple pour le n° 939 il devait suivre Arch. Nat., Paris, JJ. 66, fol. 372 ; pour le n° 677, Arch. Vat. Reg. Aven. Urban. V, vol. XVII, fol. 490 ; pour le n° 698, Reg. Clem. VII, n. 291, fol. 148, etc., etc. Pour cette fois, je ne veux pas non plus parler de la ponctuation qui, généralement, est restée celle des copistes, quand même M. Fournier avait un bon modèle, comme I, n° 525, où A. Molinier a justement mis un point avant « Sane » (Fournier « sane »). I, p. 178, col. 1. D'après la ponctuation de M. Fournier, Robertus de Merton aurait été procureur depuis treize ans, tandis qu'il s'agit de la treizième année du pontificat de Benoît XIII. Je ne veux pas non plus m'arrêter au système employé par M. Fournier pour les sommaires des documents qu'il résume, en laissant de côté les noms des personnes ; il ne suffit pas de dire (I, p. 261) p. e. : « Statuts de la nation d'Écosse, » d'après Bibl. Vat. Reg. 405, fol. 66 ; il fallait aussi mentionner le nom du procureur Jacobus de Parkle. Mon travail est déjà presque trop long, néanmoins, il me reste encore à examiner le paragraphe le plus important

Dans ce qui précède, j'ai eu simplement l'intention de donner quelques exemples, je n'ai pas eu le temps d'entreprendre un travail plus détaillé et tout à fait complet. Je dois dire au lecteur de quelle manière j'ai fait cette critique : J'ai pris au hasard quelques parties du recueil de M. Fournier ; en les feuilletant, j'ai trouvé, çà et là, des non-sens et maints passages qui excitaient le doute en mon esprit ; j'ai pris l'original en main, j'ai comparé et, en effet, j'ai trouvé les erreurs que je viens de signaler. En un mot, j'ai été bon enfant. Mais si un savant très rigoureux et exigeant voulait examiner le travail de M. Fournier en scrutateur inexorable, collationnant, de page en page, le recueil des *Statuts* avec les sources, malheur à ce pauvre M. Fournier ! Il est menacé de ce terrible avenir, s'il n'a pas la prudence de se taire.

III. — LES OMISSIONS DANS LE RECUEIL DE M. FOURNIER.

D'abord, je dois déclarer que je n'ai pas cherché exprès des documents pour prouver les omissions de M. Fournier. Sans avoir soupçonné que les documents suivants manqueraient dans son Recueil, je les avais notés avec d'autres à l'usage de mon second volume sur les Universités du moyen âge. Si j'avais eu une idée de la défectuosité du Recueil de M. Fournier, mes procédés dans les recherches auraient été bien différents. Quiconque voudra à l'avenir publier le Cartulaire d'une Université (ce qui sera indispensable pour les Universités principales, surtout pour Toulouse), sera forcé de soumettre à un examen minutieux, avant tout, les Archives nationales de Paris et les Archives du Vatican.

Ces documents, que j'ai notés en passant et qui ont échappé à M. Fournier, sont à peu près au nombre de 100. Je doute que jamais auteur ait dû subir une rectification de la sorte. M. Fournier paraît être avide de distinctions. En voilà une assez forte ! Je ne veux pas dire que M. Fournier devait publier *in extenso* tous ces documents, mais il devait les signaler tous et donner au moins une analyse des moins importants.

C'est ici le lieu de répéter, comme je l'ai dit plus haut, que j'ai examiné les Archives du Vatican, seulement jusques à l'an 1418, les Archives nationales à peu près jusques à l'an 1400.

Les fautes d'omission de M. Fournier résultent non seulement de sa précipitation, mais aussi et surtout de la légèreté avec laquelle il a envisagé mon livre sur les Universités du moyen âge. Il y a vu un recueil de documents, sans avoir en même temps égard au point essentiel, que ce n'est pas encore l'organisation des Universités que je discute, mais seulement leur formation, que mon examen ne va que jusqu'à l'an 1400, et que, par conséquent, les documents ultérieurs ne sont pas pris en considération. M. Fournier s'est contenté, pour les documents des Arch. du Vatican, de mes indications.

De plus, M. Fournier n'a pas fait attention au point important que je n'avais ni l'obligation, ni l'intention d'indiquer dans mon livre tous les *rotuli* qui se trouvent aux Arch. du Vatican ; j'en ai rapporté seulement un certain nombre pour montrer aux savants la direction dans laquelle ils peuvent chercher et trouver. C'est pourquoi je dis, par exemple, p. 269, note 186 (Orléans) : « Rotuli finden sich *unter anderm*; » p. 338 (Toulouse) : « Interessante Rotuli befinden sich *auch*, » etc. ; p. 356, note 565 (Montpellier) : « Ein Rotulus medicorum findet sich *auch z. B.*, » etc. Puisque mon ouvrage ne va que jusqu'à l'an 1400, comme l'indique le titre, j'ai laissé de côté tous les *rotuli* envoyés après la 1re année du pontificat de Benoît XIII. Si le plan de mon ouvrage me permettait d'en mentionner seulement quelques-uns comme spécimen, le caractère du Recueil de M. Fournier lui imposait le devoir de donner la liste complète ou au moins d'en indiquer complètement les sources.

La précipitation de M. Fournier est d'autant plus à condamner qu'il « a voulu trop embrasser à la fois; mais il a mal étreint », car vouloir composer et publier dans le court espace de trois ou quatre années l'ensemble des documents relatifs aux Universités françaises du moyen âge, c'est une chose impossible.

Le lecteur comprendra que je n'indique pas la source précise des documents suivants et que je n'en publie presque aucun *in extenso*, car M. Fournier serait capable d'ajouter, en appendice à son t. III des *Statuts*, les documents que je vais publier comme s'il les avait trouvés lui-même. Je constate seulement qu'ils sont tirés des Archives du Vatican, des Archives nationales de Paris et de la Corona d'Aragon, à Barcelone. Je suis prêt à renseigner tout érudit sérieux qui voudrait composer un cartulaire d'une Université française sur les sources où se trouvent ces documents.

1. Je ne parle plus des documents omis par M. Fournier, déjà publiés dans le t. II de notre *Cartulaire* et que j'ai, p. x, note 2, indiqués (les n°ˢ 755, 993, 994 et le document tiré de Secret. Urb. V. an. III, ep. 247) en laissant de côté les autres avec la nomination des professeurs. Je n'y reviens que pour montrer la tactique de M. Fournier. Il dit, p. x, note, de son *Hist. de la science du droit* : « Ailleurs le P. D. *fait grand bruit* pour des « documents qui auraient été omis dans mon *Recueil*, p. x « (*Chartul.*, II) : Id documentum perinde atque plura alia, frustra « quaesiveris apud Fournier, et *il ne peut citer*, pour le complé- « ter, *que quelques nominations de professeurs de théologie* ou « des documents sans importance. » Avant tout, je demande à M. Fournier où j'ai fait grand bruit, comme je l'aurais pu faire? Il se garde aussi de citer entièrement toute la phrase. Après les mots qu'il rapporte, je disais : « Satis sit monere in Archivo Vat. atque in Arch. nat. Paris. conservari instrumenta ad Universitates Aurel., Tolos., Montispessul. pertinentia, quae illum editorem (Fournier) fugerunt. *Ea tantummodo edidimus*, quae quodam vinculo cum Universitate Paris. connectuntur. » M. Fournier compte toujours sur les lecteurs qui ne contrôlent pas ses assertions. Du reste, personne ne dira que ces quatre documents,

publiés par moi, contiennent seulement des nominations de
professeurs ou qu'ils sont sans importance. Le premier (n° 755)
est très intéressant et signale six professeurs de droit omis par
M. Fournier, même dans son *Hist. de la science du droit*, p. 331
suiv. Les n°ˢ 993, 994 prouvent que Benoît XII, en l'an 1335
encore, a réclamé contre la promotion en théologie, à Toulouse.
Le document tiré de Secret. d'Urbain V nous dit qu'à Toulouse
la promotion en théologie était permise seulement *de triennio in
triennium*. J'espère que M. Fournier trouvera ces documents plus
intéressants que plusieurs de ceux qu'il a publiés lui-même.

2. Les plus importants des documents échappés à M. Fournier,
je les donne, plus bas, au nombre de 36, comme pièces justificatives. Ils donnent des renseignements nouveaux sur les Universités françaises traitées par M. Fournier, comme aussi les documents
ajoutés à la fin sur l'école de Billom. Par les noms contenus dans
les *rotuli* sera augmentée et complétée la liste des professeurs et
licenciés publiée dans l'*Hist. de la science du droit*. Bien que
quelques noms se trouvent aussi chez M. Fournier, la date des
personnages est, pourtant, souvent mieux précisée par les *rotuli*.

Les pièces justificatives rectifieront aussi quelques fausses
assertions de M. Fournier, comme je le ferai voir dans les notes.

3. Outre ces documents, il y en a d'autres que je ne puis
qu'indiquer. Voici d'abord une partie des *rotuli :*

An. 1355. Rotulus nuntiorum studii *Aurelian.*, où sont nommés
Johannes Nicoti et Jacobus Cuigneti. La même année, l'Université a envoyé une supplique pour Girardus Feuilleti, jur. utr.
prof. Aurel. regente [1].

---

1. Je ne sais pas si M. Fournier, dans son Supplément général, publiera le Rotulus studii *Aurelianensis* de l'an. 1378 (Reg. suppl. Clem. VII, tome i, fol. 109-139),
pourtant cité dans mon ouvrage sur les Universités. J'en doute, parce que, dans la
liste des professeurs d'Orléans, publiée chez Fournier *Hist. de la science du droit*,
p. 127 suiv., manquent quelques professeurs, qui se trouvent dans ce rotulus.
De même Alanus de Beyo est chez Fournier simplement cité pour l'an 1363, tandis
que, selon ce rotulus, il était, en 1378, utr. juris professor, rector ad presens dicte
Univers., qui per sexdecim annos completos fuit et adhuc est jura civilia ordinarie
actu legens.

An. 1403. Rotulus nuntiorum studii *Andegaven.*

An. 1403. Rotulus licentiatorum studii Andcgav.

An. 1378. Rotulus secundus Universitatis studii *Tholosani*, qui remplit 30 pages in-fol. [1]

An. 1387. Rot. studii Tholos., 42 pages in-fol.

An. 1394. Secundus Rot. studii Tholos. [2]

An. 1393. Rot. studii medicorum *Montispessulani.*

An. 1393. Rot. Universitat. studii Montispessul.

An. 1394. Secundus Rot. Univers. utriusque juris Montispessul.

An. 1378. Rot. studii *Avinion.* (des suppliques, « postquam principalis rotulus ipsius studii clausus extitit »).

4. Je noterai maintenant les autres documents omis par M. Fournier, en commençant par ceux qui regardent l'Université de *Toulouse*, indépendamment des quatorze qui figurent plus loin dans les pièces justificatives.

An. 1355. April. 12. Innocentius VI cancellario eccl. Tholos. injungit, ut Bernardo de Rivotorto, presb. Albien. dioc., qui in jure civili *secretum examen* subiit, licentiam in jure civ. et doctoratus honorem concedat.

An. 1364. Urbain V, par quatre fois, écrivit au chancelier de Toulouse en lui mandant de donner la licence en théologie à Bernardus Barrani, O. Min., Raymundus de Ruppe, O. Praed., Raymundus Durandi, O. Min. [3], Arnaldus Aefredi, O. Min.

An. 1366. Urbain V permet que Dominicus de Fuxo, O. Eremit. S. Aug., cursor biblicus Tolosae, a quodam doctore Tolosano licentiam recipiat, « si ipsum reperiat sufficienter ad *examen largum* vel *strictum*, generale vel particulare. »

1. Pour les années 1345 et 1353, il y a des Rotuli capitulariorum Tholosan., où beaucoup d'étudiants de Toulouse sont énumérés.

2. Pour la même année, on trouve un « Rotulus compositus per dom. prepositum Tholos. pro quibusdam doctoribus et nobilibus ».

3. La bulle (6 id. Aug.) pour ce frère est remarquable; dans le registre, elle a été premièrement adressée « Bernardo Barrani, Ord. frat. Min., mag. in s. theologia ». Ces mots furent, après, effacés par une autre main et l'on a écrit entre les lignes : « Cancellario eccl. Tholosan. » En marge : « Rebullata et correcta. »

La même année, Germanus Rasti, Ord. Erem. S. Aug. « qui Tolose jam cursus suos perfecit, omnes actus scolasticos per quinquennium exercendo », pria Urbain V de lui accorder la faveur d'être promu par le chancelier de Toulouse, parce que « magistri in theol. dicti Ord. non fuerunt ausi presentare ipsum ad magisterium *propter prohibitionem prioris generalis ipsius Ord. circa talem presentationem generaliter factam* [1] ».

Pour l'année 1371, Sept. 28, on rencontre dans une bulle très intéressante, adressée au chancelier de Toulouse, que Thomas *Portugallen.*, O. Min. « pluribus annis in partibus *Anglie* artes et theol. audivit, demum in partibus *Portugalie* pluribus annis legit, et demum in studio *Paris.* theologie facultatem annis pluribus audivit, et subsequenter in studio *Salamantino* duobus ut baccalarius et tribus ut lector legit, subsequenter *Parisius* canonice electus rediit ibique sermones et disputationes plures perfecit, postea ad legendas Sentencias in studio *Cantabrigie* et demum in studio *Tolosano* electus fuit, ubi magisterium recipiat ». C'est là un des plus curieux exemples du fait connu que les étudiants du moyen-âge suivaient l'enseignement de diverses universités très éloignées en un court espace de temps, bien plus qu'aujourd'hui.

An. 1375. Grégoire XI ordonne au chancelier de Toulouse qu'il permette à Bernard de Garrosono, O. Min., de lire les Sentences dans les vacances de l'an 1376, quoiqu'il ait été désigné seulement pour l'an 1380.

An. 1380, le chancelier de Toulouse devait permettre de lire les Sentences à Raolinus Rabeau, O. Eremit. S. Aug., et ensuite de lui conférer la licence.

On trouve des bulles semblables pour les années 1403-1406, en faveur de Johannes Monige, O. Praed., Petrus Garsie,

---

1. En 1355, le prieur général des Ermites de S. Augustin obtint d'Innocent VI que les frères ne pourraient être promus en théologie qu'à Paris, Oxford, Cambridge. Voir notre *Cartulaire*, II, Introduction, p. x.

O. Min., Petrus de Solano, O. Praed., Johannes Natalis, O. Praed.

An. 1404, Geraldus Faydici, can. Bajocen., bac. in jure civ., écrit au pape Benoît XIII, que « in statutis studii Tholosani... caveatur, quod nullus admittatur ad examen privatum..., qui septimum annum legendi in dicto jure non attigerit ». Lui-même n'avait pas encore lu 5 ans, et il désire, « postquam quintum annum lecturæ hujusmodi attigerit, » d'être admis à l'examen et à la licence [1].

L'an. 1404, Febr. 21, « regentia scolarum theologie eccl. Tolos. O. S. A., Fortio Sancio de Perdiaco, O. Min., mag. theol., confirmatur. »

Sur les collèges de Toulouse, existent plusieurs documents omis par M. Fournier. Un grand est daté de l'an. 1380, mai 19, trois autres sont de l'an. 1397 et 1407, pour le collège de Maguelone; cinq sont de l'an. 1397, 1406-1407, 1424, pour les collèges de Saint-Martial et de Sainte-Catherine (Pampelune).

Il y a encore quelques bulles de Clément VII également adressées aux chanceliers de Paris et de Toulouse, à l'occasion des controverses entre les dominicains et l'Université de Paris, que je réserve pour notre *Cartulaire*, t. III.

M. Fournier n'a pas dressé non plus une liste des chanceliers de l'église de Toulouse qui, dans l'Université de Toulouse, jouaient un rôle semblable à celui des chanceliers de l'Église de Paris dans l'Université de Paris. Avec les registres *de dignitatibus* et *de prebendis* conservés aux Archives du Vatican, on peut composer une liste presque exacte.

5. Pour les autres Universités aussi, les documents omis par M. Fournier ne sont pas rares.

An. 1355, supplicat Innocentio VI Symon de Buciaco, miles et

---

1. Gerardus Faydici est devenu après *juris utriusque doctor*, et il était, l'an 1418, *ambassiator Univers. Paris. ad Martinum* V. (Reg. Suppl. Martini V, an. 1, p. 2, fol. 276.)

consiliarius regis Francie, quatenus dilecto filio suo primogenito Symoni de Buciaco *Aurelianis* studenti concedere dignetur, ut ipse possit legere et audire jura civilia usque ad septennium, et interim bacalariatus et doctoratus honores recipere, non obstantibus dignitatibus quas obtinet...

An. 1403, Vitalis Valentini, O. Min., theol. mag. reçut la permission de laisser lire les Sentences à *Montpellier* et à promouvoir ensuite le fr. Bernardus de Cipro, O. Min., bac. theol.[1].

De l'an 1366, existe un document sur le collège de Saint-Ruf.

En 1404, Alfonsus Fernandi de Cascalles, lic. in leg., qui in studio *Avenionensi* in leg. gradum licentiae suscepit et in manibus vicarii pontificis, Egidii episcopi Avinion., cancellarii, Universitatis, praestitit juramentum doctoratus insignia nullibi alibi quam in dicto studio recipiendi et sub doctoribus, qui ipsum in examine pro gradu dictae licentiae obtinendo praesentarunt, dispensatur, ita ut insignia in aliquo studio regni Castellae recipere valeat.

En 1433, il s'agit aussi de recipiendis doctoratus in legibus insigniis et de juramento Avinione.

L'an 1498, Alexandre VI confère « Petro Alamandi » cancellariam Universitatis studii generalis *Caturcen.*

Clemens VI, avril 2, an. 1343 « universis doctoribus, magistris et scolaribus studii *Gratianopolitan.* » usque ad decennium fructus beneficiorum elargitur.

Benoît XIII permet, en 1403, au frère Gregorius de Tincto, O. Praed., de lire les Sentences à *Perpignan* et de recevoir ensuite, par l'entremise de Bernard Pagesii, O. Praed., theol. mag., la licence en théologie.

En 1413, le même pape a renouvelé la bulle fondamentale de Clément VII pour l'Université de Perpignan.

---

1. Un renseignement intéressant se lit dans les Reg. Suppl. Urb. V, an. IV, p. 1, f° 189b. Andreas de Balma, bacc. in decretis « fuit scolaris vester in Montepessulano in tercio libro Decret., quem legistis solempniter, et solempnissime illas duas decretales *Raymincius* (sic) et *Reynaldus* de testamentis ».

6. M. Fournier s'est donné la peine de composer des listes de professeurs qui ont enseigné aux diverses Universités françaises. Voir son *Hist. de la science du droit.* En jetant un coup d'œil sur ces listes, on trouve le xive siècle très riche, les xiiie et xve siècles très pauvres en noms. Pourquoi? C'est très simple. Pour le xiiie siècle, il n'y a pas beaucoup de sources; pour le xive siècle, M. Fournier a trouvé, indiqués dans mon livre sur les Universités du moyen âge, les *rotuli,* pleins de noms, qu'il a fait copier selon mes notes; le xve siècle est très pauvre chez M. Fournier, parce que je n'ai pas traité cette époque dans mon livre. Je suis très heureux de lui offrir, dans mon présent écrit, les éléments pour compléter les listes en question; ce sont spécialement les *rotuli,* où se trouve le plus grand nombre des noms. Mais je ne puis passer sous silence, qu'aux Archives du Vatican, les noms des professeurs en droit ne se trouvent pas seulement dans les *rotuli,* au contraire, dans les simples bulles et suppliques. M. Fournier était libre de faire ou de ne pas faire ces listes. Mais, puisqu'il a voulu les faire, il aurait dû chercher les noms, ce qu'il a négligé. Tout près des *rotuli,* dans les *Reg. Suppl.,* il aurait maintes fois trouvé des noms de professeurs qui manquent dans ses listes[1], par exemple : Andreas Saladini, decret. doctor (1378), Guillelmus de Saluanhaco, presb., legum doctor, civis Mimat., qui nuper per multa tempora legit in ipso studio jura civilia et studet in decretis (1343), pour Montpellier; Guillelmus Bourse, primo juris civil., deinde jur. can. professor (1355), Petrus Ianniti, legum doctor ac pro Universitate studii Aurelian. nuntius, in dicta Universitate actu regens, qui jura civilia Aurelianis ordinarie legit (1378), Johannes de Boysiaco,

---

1. C'eût été plus utile que de répéter les mêmes noms dans ces listes, par exemple, p. 690, Benoît Guillaume pour les an. 1393-1407; p. 692, pour 1397-1408, Benedicti Guillaume; p. 690, Simon Columbi, pour les an. 1393-1401; p. 693, Simon Columbi, pour l'an 1402. — Il est vraiment plaisant de voir, après cela, M. Fournier reprocher (p. 329, n. 1) à M. Deloume d'avoir laissé « plusieurs doubles emplois » dans son *Personnel de la Faculté de droit de Toulouse.*

legum doctor (1378), Oliverius Hospitis, licent. in leg. (1378)
pour Orléans ; Johannes de Manos, monachus S. Poncii Pomer.,
decret. doctor (1394), pour Toulouse, etc. M. Fournier aurait
trouvé que les Archives du Vatican sont une mine inépuisable
pour l'histoire des Universités françaises et de leurs professeurs.

7. M. Fournier s'excusera peut-être en prétendant que ses livres
seraient devenus trop volumineux. Vain prétexte ! Avec plus d'économie, il aurait publié bien plus de documents, si toutefois il
en avait eu la connaissance. Pourquoi fait-il imprimer les grands
rotuli en caractères aussi gros que les autres textes ? Pourquoi
n'a-t-il pas suivi le système employé dans le second volume de notre
Cartulaire ? Il faut être juste, notre 2ᵉ vol. n'avait pas encore paru
pour lui servir de modèle. M. Fournier publie maintes fois des
choses inutiles ; ainsi par exemple, dans le 2ᵉ volume des *Statuts*,
deux *rotuli* de l'Université d'Avignon, l'un de l'an 1393 (la fin du
pontificat de Clément VII), l'autre de l'an 1394 (commencement
du pontificat de Benoît XIII). Dans l'un et l'autre on rencontre
à peu près les mêmes noms. Pourquoi, en ce cas, n'a-t-il pas
procédé avec un peu plus de tact ? C'eût été bien mieux, en
regard du premier *rotulus*, de donner seulement les noms au
moins des bacheliers et des écoliers du second *rotulus*, qui ne
paraissent pas dans le premier, et de n'indiquer que le nombre
des autres. Pourquoi M. Fournier n'a-t-il pas dégagé son Recueil
de toute inutilité ? Pourquoi publie-t-il encore dans son deuxième
volume des formules déjà connues ? Voir, par exemple, II, 565,
573. Au lieu de mettre, II, 317, 573, les noms simplement au datif,
il laisse dans le texte partout l'inutile « quatinus », parce qu'il a
reçu ainsi les copies de la main des copistes. Pourquoi n'a-t-il
pas profité des suppliques qui sont plus concises et plus courtes
que les bulles ? (Voir notre *Cartul.*, II, Introd., p. xvi.) La
bulle de Clément VII pour le collège de Saint-Martial d'Avignon (II, 320) remplit presque trois colonnes, tandis que
la supplique en occuperait seulement la moitié (Reg. Suppl.

Clément VII, an. I, p. 4, fol. 69). Mais pour tout cet arrangement de la rédaction, un auteur a besoin de connaissances, de
patience et surtout de tact, qualités étrangères à M. Fournier.
Dans son *Hist. de la science du droit*, il remplit également les
pages et les notes de textes étendus, déjà publiés dans son
Recueil. Avec un peu d'économie, il aurait pu réduire ce dernier
livre au moins de la moitié[1].

8. M. Fournier écrit à la fin de l'avant-propos de son *Hist. de la
science du droit* (p. xiv), qu'il a jugé nécessaire « d'étudier en
lui-même chaque centre d'instruction, d'autant plus nécessaire
même que l'histoire des Universités françaises a été mal étu-
diée, mal connue, sacrifiée par Savigny, à peine effleurée dans
l'ouvrage si confus du P. Denifle, alors que les documents pour
leur histoire sont aussi nombreux qu'intéressants ».

Quiconque aura lu avec attention ma brochure contre M. Fournier, restera interdit en présence d'un tel excès d'arrogance de
la part d'un homme qui a osé traiter avec une rare ignorance
et une inexcusable légèreté les centres célèbres d'instruction en
France, et prétendre que tous ceux qui ont travaillé avant lui
sur les Universités (et qu'il n'a pas dédaigné de piller au hasard),
sont des ignorants, des négligents, des esprits confus, etc. Lui
seul a tout découvert, tout pesé, tout rectifié, tout mis en œuvre[2]!

---

1. Ici je dois observer que M. Fournier aurait mieux fait de dire, une fois pour toutes,
ce qui se rencontre dans toutes les Universités, au lieu de se répéter sans cesse.
Quelques usages, lois, statuts étaient partout les mêmes. Chez M. Fournier, tous ces
usages sont des particularités de chaque Université. Voy. plus haut, p. 18. Il n'a pour
excuse que de regarder son livre comme un *Index rerum* de son Recueil. Voy. p. 14.

2. Dans le t. III (seul paru) de son *Hist. de la science du droit*, M. Fournier,
croyant n'avoir plus besoin de l'obligeance de personne, se fait un plaisir de
rabaisser les travaux de ses prédécesseurs. Pour Orléans, les travaux de Mlle de
Foulques de Villaret et de Cuissard-Gaucheron sont jugés « *très défectueux* »
(p. 4). Certaines parties du livre de M. Bimbenet sont « *très défectueuses* » (ibid.).
Pour Angers, presque tous les documents ont été publiés, mais « d'une manière
défectueuse » (p. 136); l'ouvrage de M. de Lens est « très *incomplet* et souvent
erroné ». Pour Toulouse, le *Recueil* de M. A. Molinier est fort intéressant, « mais il
est fâcheux qu'il n'ait pas été plus *complet* » (p. 214). (Sans doute cela eût évité des
frais à M. Fournier, qui n'aurait eu qu'à découper un plus grand nombre de pages.)

L'étude de Savigny est « tout à fait *insuffisante* » (p. 217). Pour Montpellier, le *Cartulaire* (t. I) « n'a pas répondu aux vœux des érudits..., il est fort *incomplet* et renferme quantité de pièces *inutiles* » (p. 345). Néanmoins M. Fournier a réimprimé ce Cartulaire presque en entier et il l'a complété surtout pour l'époque que les *éditeurs* n'ont pas encore traitée. Ce qu'il a ajouté pour les xiii° et xiv° siècles lui a été fourni en grande partie par d'autres savants. Au lieu de jeter la pierre aux éditeurs du Cartulaire de Montpellier, il devait reconnaître que la partie qu'il leur emprunte est la plus correcte de son volume, car ces éditeurs ont transcrit avec soin les manuscrits de Montpellier et pris la peine de faire collationner à Rome sur les Registres les textes du Vatican dont plusieurs, communiqués par M. Fournier, en avoient grand besoin. Pour Avignon, selon M. Fournier, le *Cartulaire* de M. Laval n'est pas exempt de « phraséologie » (p. 563); on y trouve une « *confusion* inexprimable » (p. 564); « la préface *fort confuse* de M. Laval » (*ibid.*), « une analyse sommaire, *confuse* et, paraît-il, inexacte [des collections du musée de Calvet] dans la préface de M. Laval » (p. 566); l'introduction « *très confuse* de M. Laval » (p. 571, note 3); « la rédaction si *défectueuse* » de M. Achard, etc. Ce serait un devoir, pour tous ceux dont M. Fournier a payé les services par son ingratitude et son arrogance, de mettre au jour les mauvaises manœuvres, la tactique inqualifiable et la rare légèreté de l'éditeur des *Statuts et privilèges des Universités françaises.*

PIÈCES JUSTIFICATIVES

ORLÉANS

I

1339, *Augusti* 7.

Cum[1] coram dilectis et fidelibus reformatoribus a nobis deputatis
super correctione et emendatione officialium regni nostri, procurator
rectoris et universitatis magistrorum et scolarium Aurelianensium proponeret contra Mahietum de la Druelle, Johannem Boutegourt, Johannem Rasteau, Johannem Doriet, Jaquinum le Page, Johannem le Clerc
et Richardinum dictum le Jeune, servientes nostros Aurelianenses,
quod quamvis Universitas predicta et universi clerici et scolares studentes in eadem una cum eorum familiis atque bonis essent tam de
jure communi quam eciam virtute privilegiorum a nobis et predecesso-
ribus nostris specialiter concessorum sub protectione nostra et gardia
speciali, tam studendo in dicta civitate Aurelian. quam eundo ibidem
et redeundo, quodque dicta gardia erat adeo notoria quod nullus et
precipue officialis noster ignoranciam pretendere poterat de eadem :
nichilominus tamen dum frater Johannes de Trealh abbas de Calma,

---

1. « Cet arrêt n'a pas été retrouvé, » dit M. Fournier (*Statuts*, I, p. 110, note). Pour
le retrouver, il fallait prendre la peine de le chercher. Il se trouve à Paris, où
M. Fournier demeure toujours, et il est assez considérable (il remplit 4 folios) pour
ne point passer inaperçu. Le *mandement d'exécution* du 31 janv. 1340 publié par
M. Fournier (*l. c.*) ne se comprend pas bien sans l'arrêt lui-même.

frater Oliverius de Gensac, prior beate Marie Nannetensis, Ordinis
beati Benedicti, magister Radulphus de Trealh, Johannes le Ros, studentes in Universitate predicta, quadam die purificationis beate Marie
hora vesperorum Aurelianis incederent eundo ad ecclesiam fratrum
beati Augustini causa audiendi vesperos ibidem, faciendo transitum
ante Castelletum nostrum Aurel., occurrerat Mahietus predictus et
.. abbatem memoratum pacifice et honeste incedentem cum sua fami-
lia, ut decebat, violenter et injuriose ceperat et traxerat ad corpus et
vestes cum duabus manibus erga pectus et deinde ipsum rapuerat per
brachium pulsando et verberando eundem et eidem dicendo : « Ribalde
monache, es tu hic qui vis villam regulare? » ponensque idem Mahietus manum ad gladium nisus fuerat eundem evaginare contra abbatem
memoratum, dicendo eidem abbati : « Tu non evades, sed venies in
prisionem; » quodque idem Mahietus, predictis non contentus, congre-
gaverat et associaverat secum servientes memoratos, complices suos.
Qui simul congregati abbatem supradictum cum suis familiaribus predictis ecclesiam memoratam Augustinensium jam ingressum cum fusti-
bus et evaginatis gladiis insequentes dicebant et clamabant alta voce :
« Ubi est ille ribaldus monachus? si possimus eum tenere, nunquam
revertetur ad villam; et si infra (sic) ecclesiam remaneat, nichilominus
bene custodietur. » Et venientes insimul Mahietus et alii servientes
predicti cum festinatione et impetu malivolo clamabant iterum alta
voce : « Ecce malos proditores latrones, » et hiis dictis infra (sic)
januas et inmunitatem ecclesie predicte extractis cultellis et gladiis
intrantes, abbatem memoratum et familiares suos ibidem existentes
invaserant et assailliverant, predictusque Mahietus extracto gladio et
apunctato contra abbatem sepedictum irruerat in eundem, ipsumque
fugans nisus fuerat pluribus vicibus interficere eundem abbatem.....
Dictus quoque Johannes Doriet cultellum extractum manu tenens
temptaverat et nisus fuerat cum eodem pluribus vicibus abbatem interficere supradictum..... Prefati quoque Johannes Boutegourt et Jaquinus le Page violenter et turpiter capientes ipsum [priorem b. Marie de
Nannetis] injuriose et inhoneste coram omni populo in prisionem seu
carcerem deduxerant Castelleti pulsando et verberando, licet ipsum
jam tanquam prisionarium detinerent, nichilque forefecisset monachus
supradictus. Veniens quoque postea idem Mahietus ad domum prepositi nostri Aurel., repererat ibidem prefatum Guillelmum de Loeac
familiarem abbatis supradicti qui ibidem venerat pro expeditione prioris memorati, ipsumque capiens injuriose per gulam dixerat eidem :

« Es tu hic, tu lues? et habebo animam tuam. » Et quod postea idem Mahietus et sui complices antedicti per se vel per alios induxerant testes qui noverant veritatem premissorum, eisdemque inhibuerant ne contra eosdem servientes testimonium perhiberent in hac causa, inferendo minas eisdem testibus de dampno corporis et bonorum, si contra ipsos testimonium perhiberent.

Assereret [1] quoque procurator supradictus quod dum frater Robertus de Sertoni, monachus beate Marie de Valle serena, licentiatus in decretis et studens in Universitate predicta, reversus esset nuper mense januario de partibus suis ad villam Aurel. causa studendi ibidem essetque hospitatus in domo Guilloti de Marest in vico fratrum Minorum Aurelianens., donec de hospitio sibi competenti esset sibi provisus jaceretque de nocte tertia nocte post reversum suum in lecto in dicto hospicio pacifice et quiete, venerant ibidem supradicti Mahietus, Johannes Boutegourt, Johannes le Clerc armati, circa horam medie noctis, pulsantesque impetuose et cum magno strepitu ad hostium dicti hospicii, precipiendo ex parte nostra quod ostium aperiretur, aperto postea hostio intraverant. Deinde cameram ingredientes, in qua prefatus religiosus quiescebat, eidemque religioso plures contumelias atque opprobria dicentes, ipsum de lecto in quo quiescebat nudum viliter extraxerant enormiter verberando ad terram prosternendo, et eundem hora predicta absque quacumque causa racionabili viliter duxerant in prisionem Castelleti in qua fecerunt eundem religiosum per tres dies continuos detineri, inhibentes custodi carcerum ne cum eodem religioso aliquem permitterent loqui seu a quoquam sibi necessaria ministrari... Confessusque fuerat idem Mahietus coram eisdem duobus servientibus et aliis fidedignis quod de precepto patris sui qui odio habebat religiosum predictum, eundem religiosum ceperat et in carcerem fecerat detineri.

Diceret eciam supradictus procurator quod Mahietus sepedictus quendam scolarem vocatum Oliverium de Bosco ante hostium domus... arma non habentem, extracto gladio quem habebat invaserat...

Adiciens idem procurator quod dum magister Michael le Gainier, studens in Universitate predicta... habitacionem suam mutaret et inter cetera bona sua ...famulus ejusdem portaret plena die subtus brachium suum quasdam platas et unam loricam estimationis sexaginta solidorum par., involutas in quadam tunica panni de marbreto valente communi

---

1. On doit suppléer ; cum (procurator rectoris et universitatis).

extimatione viginti solidos par., predictus Mahietus eundem famulum in pleno vico arrestaverat et eidem res abstulerat supradictas, easdemque res usibus suis appropriando, restituere indebite recusaverat. .....Prefatus .....ballivus noster erga eundem Mahietum sibi linea consanguinitatis propinqua conjunctum se favorabilem exhibebat... Quodque idem Mahietus magistrum Michaelem predictum quadam die prope noctem incedentem de domo sua ad domum Oliverii du Chasteler scolaris et vicini sui, in eodem vico indebite et absque causa rationabili arrestaverat et in carcerem duxerat...

Proponeret insuper supradictus procurator quod prenominati Johannes Boutegourt, Johannes Doriet et Jaquinus le Page quendam religiosum monachum nomine Durandum ceperant et in prisionem retrudi fecerant..., dictus tamen Johannes Doriet relationem bonam de eodem religioso ad nostrum prepositum Aurelianensem facere recusarat donec quidam scolaris vocatus Reginaldus Garcez nomine satisfactionis et compositionis ipsum duxerat in tabernam.

Asserens ulterius idem procurator quod cum Johannes Salomonis, scolaris Aurelianensis, ivisset causa visitandi magistrum Michaelem predictum socium suum incarceratum..., Jaquinus predictus eundem scolarem in dicto carcere fecerat detineri... donec idem scolaris misit eidem Jaquino per manum Roberti valleti carceris duos solidos par. quos in bursa sua habebat, facta tamen primitus sollempni sponsione de suplendo residuo usque ad summam duorum regalium florenorum [1].

Inquesta quoque super premissis... facta, dicta nostra curia prefatum Mahietum ab officio suo predicto et omni alio officio nostro seu regio tam optento quam in posterum ubilibet optinendo, necnon et predictos Johannem Doriet et Johannem Boutegourt ab officiis suis predictis et omnibus aliis officiis sergenterie nostris seu regis tam optentis quam in futurum optinendis in villa Aurelianensi duntaxat, per suum judicium perpetuo privavit.

Et per idem judicium dictum fuit quod predicti Mahietus, Johannes

---

1. En outre Jaquin était accusé d'avoir envahi, la nuit, le domicile de deux écoliers, Guillaume de Bernen et Gaufridus son frère, et de leur avoir volé une épée ; Jean Boutegourt, d'avoir arrêté indûment un écolier nommé Jacques de Viviers. — Enfin ils avaient tous deux comploté la mort de Jean Vaalin, *legum doctor*, qui réprouvait les actes précédents, et des malfaiteurs avaient attaqué l'écolier « Johannem dictum Pasquier », le jour des Cendres, sans que les servientes de Richardin et Jaquin présents eussent rien fait pour les empêcher.

Doriet et Johannes Boutegourt in tunicis existentes, absque videlicet
supertunicalibus capuciis atque zonis, portansque idem Mahietus in
manu sua candelam ceream accensam ponde i duarum librarum, asso-
ciantibus eodem Jaquino, Richardino et Jonanne le Clerc predictis,
remotis duntaxat capuciis, armis aliisque insigniis servient[i]um, ince-
dent die purificationis beate Marie proximo ventura, hora pulsationis
prime in ecclesia Aurelianensi, arripiendo iter suum ab ecclesia fratrum
Augustinensium predicta et faciendo transitum recta via ante Castelletum nostrum predictum usque ad ecclesiam fratrum Predicatorum
Aurel., ibique omnes prenominati servientes prefatos excessus atque
injurias rectori Universitatis predicte emendabunt in loco in quo
sermo in eadem ecclesia fieri consuevit, tradetque dictus Mahietus
candelam predictam prefato rectori in signum emende.....

Et quia per eandem inquestam non est repertum Johannem Rateau
supradictum in aliquo deliquisse nec eciam excessisse, idcirco dicta
nostra curia eundem... absolvit... Die vij* Augusti.

II

1365, Januarii 24.

Ad perpetuam rei memoriam. Ad ea que ecclesiarum et ecclesiasti-
carum personarum statum prosperum respiciunt libenter intendimus,
et ut ecclesie ipse prudentium adjute consiliis feliciter gubernentur
favorem benivolum impartimur. Cum itaque sicut exhibita nobis pro
parte ven. fratris nostri Hugonis episcopi Aurelianensis et dil. filiorum Johannis scolastici et capituli ecclesie Aurelianensis petitio continebat, quod omnes licentiandi in jure canonico seu civili in studio
Aurelianensi a scolastico ipsius ecclesie qui est pro tempore licentiam
hujusmodi recipere teneantur : nos decens reputantes, ut hii qui
hujusmodi licentie honorem accipiunt ad honoris rependia recolant se
astrictos, et quod ecclesia, episcopus, scolasticus et capitulum supradicti eorum consiliis et favoribus adjuventur, eorundem episcopi scolastici et capituli in hac parte supplicationibus inclinati, auctoritate
apostolica tenore presentium statuimus et etiam ordinamus quod deinceps dicti licentiandi ante hujusmodi licentie concessionem, necnon et
illi qui jam in eisdem juribus seu eorum altero in dicto studio licentiam hujusmodi receperunt, antequam inibi insignia recipiant doctoratus, in manibus scolastici ipsius ecclesie pro tempore existentis pre-

stent corporale juramentum quod ipsi perpetuis futuris temporibus erunt fideles episcopo, scolastico, capitulo ac ecclesie supradictis, et quod dabunt eis fidele consilium, cum per eos aut episcopum seu scolasticum vel capitulum predictos fuerint requisiti, quodque se contra ipsos non opponent. Constitutionibus, etc. Nulli ergo, etc. Dat. Avinione viiij kal. Februarii, anno tercio [1].

III

1388, April. 6; Maii 13.

ROTULUS UNIVERSITATIS STUDII AURELIANENSIS

Sanctissime ac benedictissime pater.........................

Item quia doctores studii Universitatis Aurelianen., qui a longo tempore citra et non alii consueverunt esse rectores, quidam nunc [2] de consilio episcopi Aurelianensis, quidam sui officiales, alii de consilio ville Aurelianen., cum quibus cotidie litigamus, existant, quibus (cum fere omnes in dicta civitate Aurelianensi sint beneficiati, et sic ibi moram elegerint perpetuam) grave est ipsis domino episcopo (cum fere omnes sint de suo Capitulo) et civibus Aurelianen. cum quibus ut premictitur moram elegerunt perpetuam, displicere, propter quod magne suspiciones et scandala contra ipsos in predicta Universitate cotidie generantur, et potissime in anno preterito, licet cum domino episcopo super transgressione privilegiorum nostrorum litem, que adhuc durat, haberemus, nichilominus tamen officialis suus, quem etiam propter alias causas suspectum habebamus, fuerit rector propter rescriptum domini Clementis pape [3], quo cavetur quod de collegio doctorum eligatur rector per circulum, ita quod qui semel rector fuerit, amplius non sit donec per singulos de collegio hujusmodi transierit rectoria, et absurdum sit coram judice suspecto litigare, et in Universitate Parisiensi, que quam strenue regatur rerum docet experentia, etiam simplex magister in artibus cotidie eligatur in rectorem, quia ad eum potius quam ad potentem, si eligeretur, habetur accessus : supplicat

1. M. Fournier, *Statuts*, I, 121 (n° 163) ne peut donner qu'une rubrique mal formulée d'un inventaire de 1494 conservé aux Archives du Loiret.
2. L'abréviation employée dans le ms. sert aussi pour « minime ».
3. C'est-à-dire, Clementis V.

quatinus statuere et ordinare dignetur, ut imposterum licentiatus vel
bachallarius Universitatis predicte possit eligi in rectorem, qui juramentum super rectoria fideliter exercenda, sicut alii rectores consueverunt, teneantur exhibere[1], predicto rescripto domini Clementis pape,
quod hodie in magnum nostri vertitur detrimentum, non obstante.....
........[2] Consumatus et clausus ac sigillatus extitit presens rotulus
anno domini millesimo trecentesimo octuagesimo octavo, indictione
undecima, mensis Aprilis die vj, pontificatus dicti domini nostri pape
an. decimo. — Fiat pro omnibus. G. — Sine alia lectione. — Fiat. G.
— Datum Avinione tercio idus Maii, an. decimo.

IV

1392, Martii 7.

Charles par la grace de Dieu roy de France. A touz comiz et depu-
tez a exploytier, cuellir et recevoir le diziesme ordenné estre levé en
notre royaume et pour notre saint Pere octroyé a notre tres cher et
tres amé cosin le roy de Sicile pour la conqueste du dit royaume de
Sicile, salut. Come aprez ce que noz bien amez lez recteur maistrez
studianz et suppos de notre fille la Université d'Orleans, ont envoyé
leur depputez par deverz nouz pour le fayt et occasion du dit diziesme
non paier, nouz avons ordenné et deliberé en notre consselle que lez
ditz recteur maistrez studienz et suppos de notre dicte fille, qui seront
tesmoignez soulz le signet ou scel du dit retteur estre vraiz estudiens
et suppos d'icelle, de quelconque istat ou condition quilz fussent,
soient franz quitez et exempz du dit diziesme payer, mesmement que
quant notre dit saint Pere pour notre fayt nous on a octroyé aucunz,
nouz lez ditz recteurz maistrez estudiens et suppoz en avons fayt tenir
quittez et paisiblez : Nous vouz mandons et estroitement enjoignons et
a chascun de vouz, si comme a lui appartenra que lez ditz retteur maistrez estudiens et suppoz de notre dicte fille et chascun d'eulx, et qui
tesmoignez vouz seront pour le dit recteur, comme dist est, vouz tenez
et faytez tenir quitez paisiblez et exemps du dit diziesme payer,
octroyé a notre dit cosin de Sicile, sens les contraindre ou soffrir
estre contrains ne aucun deulx a en payer aucune chouze et se aucun
des fruis de leur benefices, ou autrez bienz estoyent pour ceste chouze

1. Supplique de l'Université tout à fait inconnue.
2. Suivent les noms des docteurs, licenciés, bacheliers, écoliers. Le Rotulus remplit
30 pages in-folio.

priz sayzis ou arrestez, lez leur metez ou faitez metre a plaine deli-
vrance : Et dabondant grace pour ce que lez ditz recteur maistrez
estudienz et suppoz de notre dicte fille sont beneffices en plurors et
divers lieux de notre royaume. Et que ces presentes ne poirroient
aucunement estre presentées en toux lez lieux ou mestiers seroyent, il
nouz playst et volons que au vidimus dicelles fayt soulz scel auten-
tique soit adioustée plaine foy et y soyt obey comme à l'original.
Donné a Pariz le vij jorn de Marz lan de grace mil ccc iiijxx xij et le
xiij de notre regne.

Datum pro copia collatione facta.

Au verso de la pièce :

> « Pro Ludovico de Montelauro.
> « Copia littere regis quod non exigatur decima. »

V

1403, Octobris 19-23.

ROTULUS UNIVERSITATIS AURELIANENSIS

Sanctissimo in Christo patri ac domino nostro domino Benedicto...

Et primo supplicat dicta Universitas quatinus Radulpho de Refugio,
utriusque juris professori, rectori ad presens ejusdem, ac mag. in art.,
qui in vicesimo primo sue regentie existit...

Item Geraldo Bagoulli legum doctori Aurelianis regenti [1].

Item Baudeto de Matiscone legum professori Aurelianis actu legenti,
archidiacono Bellisie in eccl. Aurel.

Item Matheo de Darru, utriusque juris doctori Aurelianis ordinarie
actu legenti, qui per xx^{ti} quatuor annos vel xx^{ti} quinque lecturam ordi-
nariam continuavit.

Item Iohanni de Matiscone legum doctori Aurelianis actu legenti,
qui in vicesimo secundo anno sue regencie existit.

Item Vincentio de Clocherio presbytero Lemovic. dioc., utriusque
juris doctori in vicesimo anno sue regencie existenti.

---

1. Ce personnage et le suivant étaient (avec Johannes Thome) nuntii ad curiam ;
ils sont nommés dans la préface du Rotulus « venerabiles et magne ac profunde
scientie viri, legum solennissimi professores ».

Item Launomaro de Insula decretorum doctori in vestro studio et Universitate Aurelianensi regenti in vicesimo anno sue regencie.

Secuntur procuratores singularum nationum ejusdem Universitatis.

Item Iohanni Audeberti, cler. Bituric. dioc., procuratori nationis Aquittanie, bacchalario in legibus in quinto volumine legendi.

Item Humbeleto Constantii, Tullens. dioc., baccallario in legibus in quinto volumine legendi.

Item Nicolao de Fonte clerico, procuratori nacionis Picardie, magistro in artibus et bachallario in legibus in quarto volumine legendi.

Item Guillelmo Cotini cler. Andegav. dioc., procuratori nacionis Turonie, licenciato in art. et bacchallario in legibus in tercio volumine legendi.

Item Symoni di Montedidierii de Aurelianis, procuratori nacionis Francie, bacchallario in legibus in quarto anno legendi.

Item Reginaldo de Frion cler. Rothomag. dioc., bacchalario in legibus in tercio volumine legendi, ac nacionis Normanie procuratori.

Item Bertrando de Villa, procuratori nacionis Campanie, Remen. dioc., mag. in art. et bacchallario in legibus in secundo volumine legendi.

Item Iohanni de Argentoliis Lingon. dioc., in sacris ordinibus constituto, in legibus bacchalario in secundo volumine legendi, ac procuratori nacionis Burgondie.

Item Thome Bel, Brechinen. dioc., procuratori nacionis Scocie, ac bachallario in decretis in vᵒ volumine legendi.

Secuntur licentiati presentes.

Item Henrico le Faudier, presbytero Sagien. dioc., licentiato in utroque jure.

Item Amisio Gomberti in utroque jure licenciato, litterarum apostol. abreviatori.

Item Thome Coyffurel presbytero canonico prebendato ecclesie Aurelian. in utroque jure licentiato.

Item Guillelmo Chalopim presbytero Aurelian. dioc., in decretis licentiato ac in jure civili bachallario in tercio anno legendi.

Item Iohanni Hervei presbytero Carnot. dioc., licentiato in legibus et bacchallario in decretis.

Item Iohanni Monachi, presbytero Ebroic. dioc., licentiato in decretis et bacchalario in legibus.

Item Aymoni Parentis, licenciato in legibus et bacchallario in decretis, canonico ecclesie Aurelian.

Item Petro Maignat subdiacono Lexovien. dioc., licentiato in legibus et bachallario in decretis.

Item Petro Lamore in legibus licentiato et bachallario in decretis.

Item Guillelmo de S. Maximino de Aurelianis, licentiato in legibus et bacchallario in decretis.

Item Petro Parentis de Aurelianis licentiato in jure civili et bachallario in jure canonico.

Item Iohanni de Colle de Aurelianis licentiato in legibus et bacchallario in decretis in tercio legendi.

Item Iohanni Noaille Lemovic. dioc., in legibus licentiato et bachallario in jure canonico in tercio volumine legendi.

Item Stephano Boutet subdiacono Lemovic. dioc., licentiato in legibus et bachallario in decretis.

Item Nicholao Saturi presbytero Senon. dioc., licentiato in decretis.

Item Guillelmo Bebueti de Aurelianis presbytero licentiato in decretis.

Item Petro Morelli presbytero Cenomanen. dioc., in utroque jure licentiato.

Item Guillelmo de Aulis presbytero Lemovic. dioc., licenciato in decretis.

Item Iohanni Beguti in legibus licentiato, in quarto anno audiendi jura canonica.

Item Iohanni de Prugna Bituricen. dioc., licenciato in legibus et bachalario in decretis, in quarto volumine legendi.

Item Hugoni Fabri Claromont. dioc., licenciato in legibus et bachallario in decretis et in artibus, in tercio volumine legendi.

Item Iohanni Corderii cler. Constant. dioc., mag. in art. licenciato in legibus, in decretis bachallario.

Item Iohanni Rousselli presbytero Lexov. dioc., licenciato in jure canonico et bachallario in jure civili.

Item Guillelmo Chameloti presbytero Lemovic. dioc., in legibus licenciato ac in jure canonico bachallario, in tercio volumine legendi.

Item Roberto Foucherii in legibus licentiato et bachallario in decretis, in secundo volumine legendi.

Item Stephano de Grandivalle Bisuntin. dioc., licentiato in jure civili et bachallario in jure canonico.

Item Galtero Iayer clerico Suession. dioc., mag. in art. et licentiato in jure civili et bachallario in jure canonico.

Item Iohanni de Morro cler. Lemovic. dioc., mag. in art. et in legibus licenciato, in secundo volumine audiendi in jure canonico.

Item Petro de Quinciaco Gebennen. dioc., licentiato in legibus pro suo secundo volumine audiendi jus canonicum.

Item Iohanni Lamore diacono Aurelian. dioc., in jure civili licentiato.

Item Vincentio Guielli presbytero Luxion. dioc., licentiato in decretis.

Item Hugoni de Matiscone, Matiscon. dioc., licentiato in legibus.

Item Roberto de Bellafago, in legibus licentiato ac magistro in artibus.

Item Stephano Peleti, presbytero Carnot. dioc., in decretis licentiato.

Item Petro Pignati, clerico Claromont. dioc., licentiato in decretis in tercio anno audiendi jura civilia.

Item Guillelmo Gaufridi presbytero, in decretis licentiato, Trecor. dioc.

Item Iohanni Prepositi, presbytero Ambian. dioc., licentiato in decretis et mag. in art.

Item Iohanni Aderonis, presbytero Constant. dioc., licentiato in decretis.

Item Rogero Valteri, presbytero Bajoc. dioc., licentiato in legibus.

Item Petro de Dicyaco, licentiato in jure canonico in tercio audiendi.

Item fratri Dionisio Georgeti, presbytero Carnot. dioc., Ord. Grandismontis expresse professo, licentiato in decretis.

Item Roberto Poignant, licentiato in legibus, Carnot. dioc., in jure canonico studenti in tercio volumine audiendi.

Item Clementi de Fauquembergue, clerico Ambian. dioc., licentiato in legibus et bachallario in decretis.

Item fratri Iohanni Gidoni licentiato in decretis, de Aurelianis oriundo, religioso monasterii s. Evurcii Aurelianensis O. S. A. expresse professo.

Item Richardo Longi Lexov. dioc., subdiacono, licentiato in legibus in secundo anno audiendi jura canonica.

Item Iohanni de Hargevilla, Tullens. dioc., mag. in art. et licentiato in decretis, jura civilia studenti in tercio volumine audiendi.

Item Rogerio Roque licentiato in legibus, in decretis studenti, Claromont. dioc.

Item Roberto de Avoisia subdiacono Sagien. dioc., mag. in art. et in legibus licentiato.

Item Symoni Gueret, Aurel. dioc., licentiato in legibus, in primo anno audiendi jura canonica.

Item Iohanni Vaillant de Aurelianis, licentiato in legibus, in secundo anno sue audicionis in decretis [1]...

Fiat pro omnibus. L.

Datum Sallone Arelat. dioc. pro doctoribus xiiij°, pro licentiatis et filiis baronum et magistris in medicina xiij°, pro baccallariis in jure, magistris in artibus et nobilibus de militari genere xij°, pro ceteris studentibus x° kal. Novembris, anno decimo.

ANGERS

VI

1343, Martii 6.

Supplicationes Studii Andegavensis, super quibus S. V. dilectissimi filii vestri Rex Francie ejusdemque filius Dux Normannie supplicarunt [2].

Primo supplicant S. V. quatinus Roberto Helie presbytero Abrinc. dioc. utriusque juris professori, in studio Andegavensi actu regenti in decretis, dignemini providere de can. et preb. in ecclesia Bajocen.

Item Nicolao de Vado Herberti, cler. Constant. dioc., legum professori licentiato in jure canonico, in dicto studio in jure civili actu regenti, de can. et preb. in ecclesia Ebroicen.

Item Iohanni Martini, utriusque juris professori, Bajoc. dioc., de can. et preb. in ecclesia Carnoten.

Item Luce Nitres Constantien. dioc., utriusque juris professori, de can. et preb. in ecclesia Constantien.

Item Gaufrido de Champegnie, clerico Redonen. dioc., in utroque jure licentiato.

Item Guillelmo Malherbe cler. Bajoc. dioc., in utroque jure licentiato.

Item Roberto Galioti Dolen. dioc., licentiato in utroque jure de can. et preb. in ecclesia Dolen.

1. Suivent les noms des bacheliers, écoliers et licenciés absents. Le *Rotulus* contient 94 pages in-folio, avec environ 400 noms.

2. Ce *Rotulus* est le premier connu de l'Université d'Angers.

Item Iohanni Tonsoris cler. licentiato in jure civili, Abrincen. dioc.

Item Guillelmo Georgii subdiacono Redonen. dioc., licentiato in jure civili.

Item Iohanni de Chaceguei clerico Abrincen. dioc., licentiato in jure civili de can. et preb. in ecclesia Abrincen.

Item Iohanni de Celsis clerico Pictaven. dioc., licentiato in jure civili.

Item Guillelmo de la Morinaie subdiacono Maclovien. dioc., licentiato in jure civili de can. et preb. in ecclesia Maclovien.

Item Iohanni Hamelin clerico Abrinc. dioc., licentiato in jure civili.

Item fratri Iohanni de Ponte.... Xanctonen. dioc., licent. in decretis.

Item Alano de Cohan Redonen. dioc., licentiato in jure civili de can. et preb. in ecclesia Redonen.

Item Herveo Prepositi clerico Corisopiten. dioc., bacalario in legibus, de can. et preb. in ecclesia Corisopiten.

Item Michaeli Mochin Cenoman. dioc., licentiato in jure civili, de can. et preb. in ecclesia Cenoman.

Item Nicolao Benedicti Cenoman. dioc., mag. in art. et medic.

Item Iohanni de Penivagio cler. Tornac. dioc., licentiato in art. et jure civili, de can. et preb. in ecclesia Tornacen.

Fiat. R. — Et quod transeant sine alia lectione. — Fiat. R.

Dat. apud Villamnovam Avinionen. diocesis ij non. Marcii, anno primo.

VII

1403, Octob. 19-23.

ROTULUS STUDII ANDEGAVENSIS

Sanctissimo in Christo patri [1]...

Et primo devoto oratori vestro Iohanni Orry clerico Cenoman. dioc. utriusque juris professori in dicta Universitate ordinarie in jure canonico actu regenti, et de tempore compilacionis presentis rotuli ejusdem Universitatis rectori.

Et Iohanni de Escherbeyo presbytero utriusque juris doctori, qui per xxx^m annos vel circiter in predicta Universitate in facultate juris canonici continue rexit, et adhuc regit de presenti, decano Andegavensi.

1. La préface contient 4 pages in-fol.

Et Symoni Britonis clerico Bajoc. oriundo, legum professori et mag. in art., qui in dicta Universitate in jure civili per duodecim annos vel circiter ordinarie actu rexit et regit, et de nobili genere procreatus existit.

Et Alano de Esvigneyo, utriusque juris doctori, actu in dicta Universitate in facultate juris canonici ordinarie regenti, qui tempore conclusionis presentis rotuli faciendi ejusdem Universitatis rector erat et conclusionem super hoc fecit.

Et Alano de Vico presbytero Corisopilen. dioc., legum doctori, qui actu regens a vj annis citra jura civilia in dicto studio ordinarie legit.

Et Alano de la Cadoiere legum professori, in predicta Universitate Andegavensi in facultate predicta ordinarie de mane regenti.

Et Iohanni de Tegula, presbytero Corisopit. dioc., utriusque juris doctori, qui actu regens a quinquennio et citra jura canonica in dicto studio ordinarie legit, et nuper pro parte dicte Universitatis ad ultimam congregacionem Parisius pro vestra gloriosa restitucione destinatus fuit[1], et inibi parti ejusdem restitucionis tunc fiende pro viribus adhesit, ut, cum sit tenue pro doctore beneficiatus et ex dicto studio propter presumptam substraccionem comodum beneficiale habere non potuerit ea durante nec speret obtinere...

Et Thome Girou presbytero Andegavensi, doctori utriusque juris actu regenti a quinque annis citra in facultate juris canonici.

Et Guillelmo Maligeneri clerico Nannet. dioc., utriusque juris doctori ordinarie de mane legenti in legibus ac regenti in eodem studio Andegavensi.

Et Nicholao de Mellay diacono Andegavensi, juris civilis professori in facultate juris civilis ordinarie regenti temporeque integri complementi presentis rotuli et transmissionis ejusdem predicte Universitatis rectori.

Et Reginaldo Cornillelli presbytero Cenoman. dioc., utriusque juris doctori ac officiali Andegavensi [2]...

Fiat pro omnibus. L.

Dat. Sallone Arelat. dioc. pro doctoribus xiiij°, pro licentiatis in jure et filiis baronum xiij°, pro bacallariis et nobilibus de militari genere xij°, pro ceteris studentibus x° kal. Novembris, anno decimo.

1. Fait inconnu jusqu'ici.
2. Suivent les noms des nobles, licenciés, bacheliers, écoliers. Le *Rotulus* contient 112 pages in-folio, avec 500 noms au moins.

TOULOUSE

VIII

1334, Julii 9.

Cum in quadam causa coram senescallo nostro Tholose inter procuratorem nostrum senescallie Tholosane et magistrum Guillelmum Arezati sindicum studii Tholosani agentes ex una parte, et magistrum Guillelmum Jordani, curatorem Heliazerii de Ponte burgensis Tholose, nomine ipsius defendentem ex altera, diutius ventilata super eo quod dicebatur quod dictus Heliazerius magistrum Guillelmum Burgundi, bacalarium in legibus, actu Tholose legentem, in nostra salva gardia speciali existentem, cum diversorum armorum generibus invaserat et atrociter eundem verberaverat, ac plures injurias in contemptum salve gardie predicte eidem intulerat, locumtenentem senescalli nostri predicti, cognito de premissis inter ipsas partes, in tricentas libr. nobis et centum libr. turon. dampnum passo solvendis, ac eciam in expensa cause principalis, taxatione earum reservata per suam sententiam condempnasset, dictus curator nomine ipsius Heliazerii tanquam ab iniqua et procurator noster et sindicus predicti tanquam a modica ad nostram curiam appellarunt. Auditis igitur in curia nostra procuratore nostro et Heliazerio predictis in causa appellationis predicte, processibusque cause principalis curie nostre remissis et ad judicandum, quatenus nos et dictum Heliazerium tangit, receptis, visis et diligenter examinatis, per ejusdem curie nostre judicium dictum fuit dictum locumtenentem senescalli nostri predicti bene judicasse et dictum curatorem dicti Heliazerii male appellasse... die IXe Julii, anno XXXIIII°. — ROBERTUS BLAIN r[eportavit].

IX

1337, Novembris 28.

Ad perpetuam rei memoriam. Uberes fructus provenientes ex studio Tholosano, in quo fluenta scientiarum et decora plantaria cujuslibet licite facultatis doctrinam redolent salutarem, solicite attendentes, magno (nec mirum) desiderio ducimur ut per providentiam nostram exinde vitiorum evulsis fomitibus studium ipsum eo celebrius vigeat et vigendo de bono in melius coalescat, quo doctores docere et scolares studentes in eo ex animorum quiete liberius poterunt et ferventius dicto studio inherere. Sane ad audientiam apostolatus nostri fidedigna relatione pervenit quod nonnulli privata quorumdam doctorum seu magistrorum commoda non sine aliorum doctorum seu magistrorum et scolarium incommodis affectantes, scolares ad dictum studium accedentes seu morantes in eo prece, pretio, minis, inductionibus, hortationibus et subornationibus presumunt inducere ad audiendum certos doctores seu magistros Tholose regentes, quos alias iidem scolares non forent aliquatenus audituri, per hoc honori et commodo aliorum doctorum seu magistrorum ejusdem studii non modicum derogando, dictisque scolaribus in eligendo et audiendo doctores seu magistros sibi gratos et magis ydoneos subtrahendo proprii arbitrii libertatem. Volentes igitur talium malitiis per oportuna remedia obviare, auctoritate apostolica tenore presentium districtius inhibemus, ne quis cujuscumque conditionis vel status existat per se vel alium seu alios aliquem scolarem ad predictum studium accedentem vel morantem in eo premissis vel similibus modis inducat, ut audiat aliquem certum doctorem seu magistrum quemcunque studii memorati, neve idem scolaris propter premissa vel similia seu aliquod eorumdem ad audiendum doctorem quempiam vel magistrum ejusdem studii se convertat, ubi alias non foret auditurus eundem. Nos enim presentis inhibitionis temerarios transgressores, si persone ecclesiastice et beneficiate fuerint, a perceptione fructuum beneficiorum suorum ecclesiasticorum per annum decernimus esse suspensos eisdem fructibus ecclesiis a quibus proveniunt applicandis, ac in utilitatem earum integraliter convertendis; si vero persone hujusmodi beneficiate non fuerint, per annum similiter sint inhabiles ad ecclesiastica beneficia obtinenda. Nulli ergo, etc. nostre voluntatis inhibitionis et constitutionis infringere, etc. Dat. Avinione iiij kal. Decembris, anno tertio.

X

1337, Novembris 28.

Dilectis filiis.. Beate Marie de Daurata, Tholosane, et.. Sancte Christine prioribus ac Bernardo Hugonis de Sancta Artemia canonico ecclesie Tholosane, salutem, etc. Ex insinuatione dilectorum filiorum

Universitatis doctorum et scolarium studii Tholosani ad audientiam apostolatus nostri pervenit quod dudum nonnulle domus ex pia quorumdam devotione fidelium cum certis redditibus et proventibus ad sustentationem pauperum scolarium studentium in dicto studio Tholosano ordinate, deputate et assignate fuerunt, qui quidem domus et redditus contra voluntatem et intentionem eorumdem fidelium in usus alios disponuntur. Quare pro parte Universitatis et scolarium predictorum fuit nobis humiliter supplicatum ut, cum ex hiis eorumdem fidelium pia dispositio defraudetur, providere super hoc animarum suarum saluti et necessitatibus pauperum predictorum misericorditer dignaremur. Nos igitur eorum justis supplicationibus inclinati, discretioni vestre per apostolica scripta mandamus quatenus vos vel duo aut unus vestrum, vocatis qui fuerint evocandi; simpliciter et de plano de predictis curetis diligentius informari, et quecunque super hiis inveneritis fideliter in scriptis redacta nobis per vestras litteras harum seriem continentes intimare curetis. Dat. Avinione iiij kal. Decembris, anno tertio.

XI

1341, Octobris 10.

Venerabili fratri.. archiepiscopo Tholosano [1]. Licet avaritie c   ignem caritatis extingens vitanda summopere sit ab omnibus qui regnum dei desiderant adipisci; est tamen a viris litteratis et ecclesiasticis, quorum actus non solum irreprehensibiles sed etiam immitabiles esse debent, ut inde viam rectitudinis discant ceteri, studiosius execranda. Sane perlatum est noviter fidedignis relatibus ad nostri apostolatus auditum quod in studio Tholosano quidam abusus detestabilis ex quadam avaritia et vanitate procedens aliquibus temporibus inolevit, videlicet quod in jure canonico et civili bacallarii, cum ad doctoratus honorem volentes assumi in jure canonico vel civili subire ut moris est debent examen, singulis doctoribus, qui habent in dicto examine interesse, duo torticia seu brandones de cera et unum singulis bedellis ejusdem studii ac ipsis et quibusdam aliis vinum et confectiones, priusquam examinatio inchoetur, necnon et doctori a quo recipiunt insignia doctoratus vestes de panno laneo pretiosas cum folraturis variorum non modicum sumptuosis dare ac ministrare coguntur, propter quod plerumque contigit quod nonnulli bacallarii apti et

1. Guillelmo de Lauduno.

ydonei ad honorem recipiendum predictum, unde her commode facere
valeant non habentes, a receptione honoris hujusmodi retrahuntur[1].
Nos igitur, qui tanquam pater universalis libenter filiorum indempni-
tatibus providemus, execrabilem et nocivum abusum hujusmodi aboleri
volentes, omnibus et singulis ejusdem studii doctoribus et bacallariis
in jure canonico et civili ac bedellis presentibus et posteris districtius
inhibemus, ne ipsi bacallarij per se vel alium seu alios eisdem doctoribus et bedellis torcia seu brandones aut ipsis vel quibusvis aliis
vinum et confectiones hujusmodi occasione predicta dent quomodolibet
vel ministrent, neve ipsi doctores et bedelli seu quivis alii etiam a
gratis offerentibus aut offerre volentibus illa recipere quoquo modo
presumant, nec doctores ipsi bacallarios prefatos ad dandum eis dictas
vestes cogant seu cogi procurent invitos. Eos vero, qui contra inhibitionem nostram hujusmodi quovis quesito colore aliquid attemptare
presumpserint, tamdiu excommunicationis sentencie volumus subja-
cere, donec de premissis satisfecerint competenter, nulla eorum quibus
satisfactio et restitutio facienda fuerit, remissione recipientibus profu-
tura. Quocirca fraternitati tue per apostolica scripta mandamus quatenus inhibitionem eandem, et alia contenta in presentibus, per dictum
studium, ne aliquis pretextu ignorantie velamen excusationis assumat,
facias solenniter publicari, nos de publicatione ipsa redditurus per
tuas litteras harum continentes seriem nichilominus certiores. Dat.
Avinione. vj id. Octobris, anno septimo.

XII

1353, Februarii 16.

ROTULUS UNIVERSITATIS STUDII THOLOSANI

Supplicant S. V. humiles oratores vestri Universitas studii Tholosani pro gratiis privilegiis indulgentiis et personis infrascriptis per
S. V. concedendis...

In primis supplicant quatinus domino archiepiscopo Tholosano
committere dignemini et mandare ut ipse per se vel alium seu alios
constitutiones, dispositiones, ordinationes et statuta ejusdem studii, si
qua in ipsis eis videantur corrigenda, cassanda vel immutanda, et etiam
in melius reformanda, immutet corrigat et reformet prout melius ei

1. On cherche vainement ces usages à Toulouse dans les volumes de M. Fournier.

videbitur faciendum (non obstantibus juramentis, privilegiis, statutis et consuetudinibus et aliis contrariis quibuscunque) et nova faciat prout videbitur expedire. — Fiat de illis que non possunt comode observari. G.

. . . .

Item quod detur et concedatur eidem Universitati executor seu conservator omnium predictorum privilegiorum et aliorum quorumcunque concessorum et concedendorum per sedem apostolicam Universitati predicte. — Fiat ad quinquennium. G.

Item quod studentes in studio predicto seculares et religiosi etiam cujuscunque status religionis vel condicionis existant ligentur et ligari valeant sententiis quibuscunque latis et ferendis, si contra eorum officium fecerint, a domino archiepiscopo Tholosano seu ejus officiali in hiis que tangunt seu tangere possunt statuta et statum, regimen et dispositionem studii antedicti. Non obstantibus quibuscunque exemptionibus seu aliis privilegiis ecclesiis monasteriis vel personis per sedem apostolicam concessis et concedendis. — Fiat. G.

Item pro Guillelmo Bragose clerico Mimat. dioc. decretorum doctore actuque Tholose ordinarie legente, ejusdem Universitatis rectore.

Item [1] Aycardo de Quimballo, canonico monasterii sancti Saturnini Tholosan., O. S. A. decretorum doctori, decretum inibi actu ordinarie legenti.

Item Laurentio Calveti, civi Tholosano, decretorum doctori, actu ordinarie legenti.

Item Petro de Barreyria, legum doctori, cler. Ruthenen. dioc., actu ordinarie legenti.

Item Guillelmo de Roadello, civi Tholosano, legum doctori, actu ordinarie legenti.

Item Guillelmo Perii, mag. in medicina, ordinarie legenti [2].

Item Bernardo Olerii, mag. in medicina, ordinarie legenti.

Item Guillelmo Montelli, alias Navati, mag. in art. et medicina, ordinarie legenti.

1. Dans le *rotulus*, tout est construit avec « quatenus ».

2. C'est très important, parce qu'on sait peu de choses sur l'enseignement de la médecine à Toulouse. Voir plus loin, n° XX. M. Fournier (*Hist. de la science du droit*, p. 225, not. 4) ne croit pas à la permanence d'un enseignement de la médecine à Toulouse, et, dit-il, « ce qui est certain, c'est qu'on ne rencontre aucun statut d'une Faculté de médecine et aucune mention de *regens in medicina* dans les souscriptions des principaux statuts du *studium*. » Avec quelle précaution doit-on prononcer ses assertions !

Item Bernardo Barata, cler. Sanctiflori, mag. in art., actu legenti in studio predicto.

Item Bernardo de Boria, cler. Sanctiflori dioc., mag. in gramatica, ordinarie actu legenti.

Item Stephano Arnaudi, cler. Claromont. dioc., mag. in gramatica, ordinarie actu legenti.

Item Bernardo de Ripperia, Agennen. dioc., legum doctori ac officiali Tholosano.

Item Astorgio de Galliaco, Ruthenen. dioc., legum doctori.

Item Raymundo Rubei, mag. in medicina.

Item Johanni de Fageto, mag. in medicina.

Item fratri Johanni Alberti, monacho monasterii Mansigarnesii O. S. B. Tholosan. dioc., mag. in art. et bacallario in decretis, qui longis temporibus legit ordinarie in dicto studio.

Item Guillelmo de Besso, mag. in gramatica et bacallario in decretis, ejusdem Universitatis thesaurario, qui longis temporibus legit ordinarie.

Item Raymundo de Podio, civi Tholosano, in legibus licentiato ac in subdiaconatus ordine constituto.

Item Galhardo de Boscoviridi, cler. Caturcen. dioc., in decretis licentiato.

Item Johanni Baratini, cler. Ruthenen. dioc., bacallario in decretis, ejusdem Universitatis sindico.

Item Johanni Rubei, bacallario in legibus, civi Tholosano.

Item Bertrando de Albacia, cler. Convenarum dioc., bacallario in legibus.

Item Petro Ruffi, monacho monasterii Moysiaci Caturcen. dioc., Cluniacen. Ord., in xx^{mo} etatis sue anno constituto.

Item Vitali Seysh, cler. Conseranen. dioc.

Item Petro de Marinhaco, cler. Tarvien. dioc.

Sine alia lectione. — Fiat. G.

Dat. Avinione xiiij kal. Marcii, anno primo.

XIII

1365, Novembris 26.

Dilectis filiis.. rectori et Universitati studii civitatis Tholosane salutem, etc. Cunctorum quos cure nostre commisit Altissimus, illorum

precipue qui per sciencie studium ad alta virtutum conantur ascendere,
comodis libenter intendimus, illisque noxia tollimus et utilia paterno
studio procuramus. Sane ad nostrum pervenit auditum quod vos provide attendentes quod sumptuositas vestium, quibus contra consilium
sapientis plurimi glorientur, substanciam nonnullorum scolarium degen-
tium in studio Tholosano, in quo nos dudum in minoribus constituti
audivimus et *demum ordinarie legimus jura canonica* [1], quos omnes sin-
gulari affectione prosequimur, adeo exhausit interdum, ut longi temporis victu consumpto brevis temporis spatio quamplures ex eis inchoa-
tum studium perficere non valentes, ante tempus consummationis
illius ab ipso desistere sint coacti, quedam tam utilia quam necessaria
statuta dicte sumptuositati obviantia tam de qualitate pannorum quam
etiam de foderaturis pro statu studentium predictorum decentibus sed
in precio notabiliter minoratis, quibus congrue vestiantur de cetero,
edere ordinastis, que ex negligentia vestra nondum edita referuntur.
Quare vos paterne requirimus et hortamur mandantes quatinus statuta
hujusmodi cito faciatis, et nobis qui ea videre volumus transmittatis.
Dat. Avinione vj. kal. Decembris, anno quarto.

XIV

1366, Maii 28.

ROTULUS STUDII THOLOSANI

Supplicant S. V. devoti ac seduli oratores et filii vestri rector et
Universitas Studii Tholosani quatinus......
Item supplicant quod cum studentibus in domibus sancti Stephani et
sancti Johannis Hierosolimitani et Beate Marie Deaurate Tholosan. non
ministrentur necessaria nec ordinationes et statuta per fundatores
earum dudum facta per eos ad quos pertinet non serventur, in dictorum
studentium seu scolarium grande prejudicium et jacturam, aliquibus
discretis in partibus committere dignemini ut capitulum ecclesie
Tholosane et fratres hospitalis Sancti Johannis Hierosolimitani necnon
priorem et conventum monasterii Beate Marie Deaurate O. S. B. ac
omnes alios et singulos ad quos pertinet auctoritate apostolica et per
censuram ecclesiasticam ac penas alias, de quibus eis videbitur, com-

---

1. M. Fournier ne compte pas Urbain V (Guillaume Grimoard) parmi les professeurs de l'Université de Toulouse. V. son ouvrage *Hist. de la science du droit*, etc.

pellat ad ministrandum scolaribus ipsis necessaria, prout tenentur, et predictas ordinationes et statuta juxta hujusmodi fundationes observandum ac etiam adimplendum cum clausulis ut supra. — Concedantur littere oportune officiali qui erit pro tempore Tholosano, ut predictos auctoritate apostolica compellat. B.

Item supplicant quatinus personis infrascriptis gratias infrascriptas prout petitur facere et concedere dignemini de gratia speciali.

Et primo Guillelmo Galteri decretorum doctori, dioc. Ruthen., decretum ordinarie Tholose legenti.

Item Raymundo de Sabanaco legum doctori, dioc. Caturcen., jura civilia inibi ordinarie legenti.

Item Johanni de Furno, mag. in art. dioc. Sanctiflori, ordinarie inibi legenti.

Item Johanni Jabioli dioc. Claromont., mag. in art. et grammatica ac scolari in theologia ibidem ordinarie legenti, qui ad sanctitatem vestram per predictum studium destinatus est.

Item Stephano Albareti, mag. in gramatica, ac scolari antiquo in jure canonico, dioc. Sancti Flori.

Item Sicardo de Brugarrosio, dioc. Sancti Poncii Thomeriarum, licentiato in decretis.

Item Bertrando de Sancto Martiali, dioc. Lemov., bacall. in decretis actu legenti Tholose.

Item Arnaldo Guillelmi de Oseuchis canonico Lascurrensi Or. S. Aug. et bacallario antiquo in decretis actu legenti.

Item Bertrando Folcaudi presbytero dioc. Albien., bacallario in decretis, qui quatuor annis et ultra continue in Tholosano studio jura canonica legit, ac de presenti eadem jura legenti.

Item Guillelmo Grassi subdiacono dioc. Caturcen. bacalario in decretis.

Item Johanni Embrun alias Columbi dioc. Sancti Papuli, baccalario – in decretis, qui legit fere per annum.

Item Johanni Banuti dioc. Narbonen., baccalario in legibus, qui legit liijor annis.

Item Bernardo de Armelio de Fuxo, dioc. Apamiarum, bacallario in legibus.

Item Francisco de Vauro clerico Lectoren. dioc., bacallario in legibus actu ibidem legenti.

Item Vitali de Malenato, clerico Condomien. dioc., studenti Tholose, qui in jure civili per septennium studuit.

Item Johannis Genebrerii clerico dioc. Claromont., bacallario in artibus, qui audivit leges tribus annis.

Item Stephano Marronis dioc. Mimaten., studenti in jure canonico.

Item supplicant quatinus examen omnium absentium predictorum
in partibus committere dignemini de gratia ampliori, ne a studio
distrahantur. — Fiat. B. — Et quod transeat sine alia lectione. —
Fiat B.

Dat. Avinione quinto kal. Junii, anno quarto.

XV

1403, Octob. 19-23.

ROTULUS STUDII TOLOSANI

Beatissime pater...

Dignetur S. V. devoto oratori vestro Johanni de Gaurano civi
Auxitan. in utroque jure professori actu legenti in jure civili in studio
Tholosano...

Item Aymerico Natalis abbati Sancti Saturnini.

Item Bernardo de Aurivalle abbati Sancti Jacobi Biternis.

Item Ar[nal]do Ramundi de Serra abbati Bolbone.

Item Guillelmo Durandi abbati Helnarum, Ordinis Cisterciens.

Item Guidoni Flandini decretorum doctori, vestrique sacri palatii
auditori.

Item Petro de Campis[1] decretorum doctori actu legenti in studio
Tolosano priori prioratus conventualis [S.] Anthonii Or. S. A. Ruthen.
diocesis et canonico ecclesie Tholosane ejusdem Ordinis.

Item fratribus Jacobo Bernardi ministro fratrum Minorum.

Item Fortio Sancii[2], magistro in sacr pagina, regenti Sancti
Stephani Tolosani.

Item Johanni Bertrandi, magistro Sancti Saturnini.

Item Johanni de Culcibus, magistro Universitatis.

Item Dominico de Ecclesia, regenti Heremitarum Sancti
Augustini.

Item Johanni de Fonte, magistro scolarum Carmelitarum.

Item Bernardo Frontiaco, regenti in domo Predicatorum.

(accolade marginale : Magistris in sacra pagina.)

Item. Thome Benedicti decretorum doctori, ordinarie legenti decretum in vij° anno lecture sue.

1. On trouve dans le manuscrit ce nom répété.
2. Voy. plus haut, p. 38.

Item Bernardo de Yvossio decretorum doctori actu legenti ordinarie volumen aureum decretorum.

Item Johanni Connelii [l. Cornelii [1]] presbytero canonico expresse professo monasterii sancti Saturnini Tholosan. O. S. A., doctori in decretis ordinarie legenti in studio Tholosano.

Item fratri Johanni de Mauro monacho expresse professo monasterii Moysiaci Ordinis Cluniac. Cature. dioc., in decretis professori ordinarie legenti de mane in Universitate Tholosana.

Item Johanni de Fabrica presbytero legum doctori actu legenti in studio Tholosano, bacallario in decretis.

Item Aycardo de Ripparie legum doctori actu legenti in studio Tholosano.

Item Johanni de Nebegus presbytero legum doctori, in theologia scolari.

Item Armando Armandi de Fano, presbytero, mag. in art. et licentiato in decretis.

Item Bernardo Calveti, clerico Conseranens. dioc., mag. in art. actu regenti in venerabili studio Tholosano, biblicoque cursori in theologia.

Item Petro Arpajonis presbytero mag. in gramatica actu legenti bacallarioque in decretis, qui quidem perfecit cursus suos diu est legendo decretales.

Item Guillelmo Rigaudi presbytero mag. in art. regenti in studio Tholosano bacallarioque in decretis in secundo anno sue lecture.

Item Johanni Pagesii mag. in art., licentiato in decretis, et bacallario in theologia actu librum Sententiarum legenti.

Item Johanni Rigaudi mag. in art. licentiato in decretis.

Item ex parte filie vestre devote Universitatis Studii Tholosani S. V., quatinus in capella, in qua singulis diebus dominicis eadem filia missam de Virginis gloriose in domo Predicatorum jam a fundatione ejusdem Universitatis audire consuevit, eadem S. dignetur concedere cuilibet visitanti dictam capellam C dies de indulgentia singulis diebus sabbatis ac etiam dominicis, et quolibet festo Virginis gloriose vij[tem] annos et vij[tem] quadragenas de indulgentia...

Item Raymundo de Rapistagno rectori de Colomeriis, qui multa pro statu sancte matris Ecclesie et Universitatis Tholosane passus est et sustinere paratus est.

---

1. C'est le même, cité par M. Fournier, *Hist. du droit*, p. 338, pour les ans 1412-1424, qui était « ambaxiador ad Concil. Constant. pro parte Univers. Tolos. » et chancelier. (Reg. Suppl. Mart. V, an 1, p. 1, fol. 27; 101 b.)

Licentiati in decretis et in legibus.

Item Egidio Sononii Tholose oriundo presbytero licentiato in decretis scolari in theologia in studio Tholosano.

Item Stephano Raynaldi presbytero canonico expresse professo monasterii sancti Saturnini Tholose O. S. A., licentiato in decretis et studenti in theologia.

Item Bertrando de Meleto licentiato in decretis.

Item Pontio de Landorta civi Tholosano, licentiato in decretis a xij annis et citra, qui per quinquennium audivit jura civilia in studio Tholosano.

Item Guillelmo de Monteaygone licentiato in decretis studenti in studio Tholosano, canonico expresse professo in ecclesia Tholosana Or. S. A. ac thesaurario in dicta ecclesia.

Item Petro Tilhini presbytero Mimat. dioc., rectori parrochialis ecclesie de Monteberono Tholos. dioc.

Item fratri Raymundo Fabri presbytero monacho expresse professo monasterii Moysiaci Ordinis Cluniacensis Cature. dioc., priori de Castro Mayrano, dioc. Montisalbani, licentiato in decretis, studenti in theologia.

Item Petro Preposti presbytero licentiato in decretis.

Item Johanni de Ponte presbytero licentiato in decretis diocesis Ruthen.

Item Dominico de Valesio presbytero licentiato in legibus et canonico in ecclesia cathedrali et regulari Auxitana.

Item Anthonio de Manso dioc. Convenarum studenti theologie, bacalario in decretis examinato et approbato et bacalario in legibus, qui duobus annis legit in jure civili.

Item Johanni de Ardegia alias de Coserans licentiato in decretis Universitatis Tholosane studenti in theologia.

Item Raymundo de Mirabello, cler. dioc. Albien., licentiato in legibus et in quarto anno sue auditionis in jure canonico de nobili genere ex utroque parente procreato.

Item Balthazari Vacheon clerico Vivar. dioc., licentiato in decretis ac bacallario in legibus actu legenti in jure canonico.

Item Johanni Seguini clerico, civi Montisalbani, licentiatio in legibus actu legenti in studio Tholosano et scolari in decretis et in tercio anno sue auditionis.

Item Vitali Carmescha presbytero licentiato in artibus.

Item Geraldo Bessonis cler. dioc. Sanctiflori, licentiato in artibus.

Item Bertrando de Aubessano clerico Auxitane dioc. de nobili et militari genere ex utroque parente procreato, bacallario in decretis studenti Tholose, qui legit duobus annis.

Item Johanni Anterii de nobili genere ab utroque parente procreato Lemovic. dioc. presbytero, ac bacallario in decretis actu legenti in studio Tholosano in tercio anno sue lecture [1].....

Fiat pro omnibus. L.

Datum Sallone Arelat. dioc. pro magistris in theologia et doctoribus in jure xiiij°, pro licentiatis in jure et in theologia, bachallariis formatis in theologia, magistris in medicina et filiis baronum xiij°, pro magistris in artibus, bacallariis in jure et nobilibus de militari genere xij°, et pro omnibus aliis x° kal. Novembris, anno decimo.

XVI

1404, Julii 29.

Ad perpetuam rei memoriam. Sincere devocionis affectus quem dilecti filii Universitas studii Tholosani ad nos et Romanam gerunt ecclesiam, promeretur ut peticiones ipsorum quantum cum Deo possumus ad exaudicionis gratiam admittamus. Dudum siquidem felicis recordationis Innocentius papa iiij privilegia infrascripta eidem Universitati concessit prout in tenore ipsorum privilegiorum plenius continetur, quorum quidem privilegiorum tenor sequitur : Innocentius episcopus servus servorum Dei dilectis filiis universis magistris et scolaribus Tholosanis salutem et apostolicam benedictionem. In civitate Tholosana [1]... Dat. Lugduni x kal. Octobris pontificatus nostri anno tercio. — Cum autem sicut exhibita nobis pro parte Universitatis predicte peticio continebat clausula *Ceterum* in eorum tenore contenta in parte defectuosa existat, pro parte Universitatis ejusdem fuit nobis humiliter supplicatum ut privilegia hujusmodi innovare, et statuere et etiam ordinare [quod] hujusmodi clausula *Ceterum* juxta tenorem infrascriptum perpetuis temporibus observetur de benignitate apostolica dignaremur. Nos igitur hujusmodi supplicationibus inclinati privilegia

---

1. Suivent les noms des nobles, des bacheliers et des écoliers. Le Rotulus remplit 106 pages in folio avec 500 à 600 noms.
1. C'est la constitution de l'Université de Toulouse. V. Fournier, *Statuts*, etc., I, 451 (n° 523).

prefata rata habentes et grata illa tenore presentium auctoritate apostolica innovamus, et nichilominus eadem auctoritate statuimus ac etiam ordinamus quod clausula ipsa in eisdem privilegiis ut premittitur contenta juxta tenorem qui sequitur in perpetuum observetur. « Ceterum quia ubi non est ordo, facile reperitur *horror*, constitutiones seu ordinationes faciendi *de juramento prestando et ejusdem observantia*, de modo et hora legendi et disputandi, de habitu ordinato, de mortuorum exequiis, necnon *de regentibus et* de bacallariis qui et qua hora, ubi et quid legere debent, ac hospiciorum taxacione seu etiam interdicto et rebelles ipsis constitutionibus seu ordinationibus *et observanciis earundem vel aliis justis et rationabilibus preceptis vestris factis quibuscunque graduatis et non graduatis, studentibus tamen ibidem, etiamsi doctores vel magistri etiam in theologia fuerint,* per sustractionem societatis congrue *et etiam per censuram ecclesiasticam per vos vel alium ad hoc ydoneum per vos deputatum auctoritate apostolica puniendi, cohercendi, castigandi aliasque eadem auctoritate debite procedendi contra quoscunque vestre Universitatis rebelles, violatores privilegiorum, libertatum et immunitatum vestrarum aut juramentorum a se prestitorum* vobis concedimus facultatem. *Nos enim ex nunc irritum decernimus et inane, si secus super hiis a quoquam quavis auctoritate scienter vel ignoranter contigerit attemptari.* » Nulli ergo, etc., nostrorum innovationis statuti ordinacionis constitucionis et concessionis infringere, etc. Dat. Massilie apud Sanctum Victorem iiij kal. Augusti, anno decimo.

XVII

1404, Julii 29.

Ad perpetuam rei memoriam. Probata devocionis sinceritas quam dilecti filii rector et Universitas studii Tholosani ad nos et Romanam gerunt ecclesiam promeretur ut ad illa que eis oportuna fore conspicimus favorabiliter intendamus. Hinc est quod nos rectoris et Universitatis predictorum in hac parte supplicationibus inclinati parrochialem ecclesiam sancti Aniani Tolosane diocesis, cujus fructus redditus et proventus illam pro tempore obtinenti et in ea non residenti ultra centum libras turonens. parv. non valent communiter annuatim, cum omnibus juribus et pertinentiis suis thesaurarie studii memorati auctoritate apostolica tenore presentium in perpetuum incorporamus anectimus et unimus, ita quod cedente vel decedente dilecto filio Petro Beraudi

ipsius ecclesie rectore seu alias eandem ecclesiam quomodolibet dimit-
tente liceat thesaurario ipsius studii per se vel procuratorem suum
corporalem possessionem parrochialis ecclesie juriumque et pertinen-
tiarum predictorum auctoritate propria apprehendere et perpetuo retinere fructusque redditus et proventus in ipsius thesaurarie usus con-
vertere, diocesani loci vel alterius cujuscunque licentia minime requi-
sita, reservata tamen ex eisdem fructibus redditus et proventus pro
uno perpetuo vicario in eadem ecclesia instituendo congrua portione,
ex qua vicarius ipse valeat commode sustentari, episcopalia jura solvere et alia sibi incumbentia onera suportare. Non obstantibus.....

Dat. Massilie prope Sanctum Victorem iiij kal. Augusti, anno
decimo.

XVIII

1405, Martii 5.

Benedictus episcopus servus servorum Dei, dilectis filiis.. cancellario ecclesie Tholosane ac.. rectori Universitatis studii Tholosani
salutem et apostolicam benedictionem. Nuper ad audientiam nostram
pervenit quod inter Predicatorum, Minorum, Heremitarum sancti
Augustini et beate Marie de Monte Carmeli Ordinum professores in
studio Tholosano consistentes, qui ex eis in locis et actibus publicis
precedere deberent et qualis ordo in hoc inter eos servandus esset,
gravis dissencionis materia fuerat exorta, nos super hiis ordinavimus
quod inter presentatos bacallarios actu legentes et biblicos dictorum
Ordinum professores in locis publicis et communibus ac scolasticis
quibuscunque actibus Predicatorum primo, Minorum secundo, Heremitarum tercio et beate Marie de Montecarmeli Ordinum predictorum
professores quarto sedere deberent, et loca sic per ordinem perpetuo
obtinere, prout in nostris inde confectis litteris plenius continetur.
Cum autem, sicut exhibita nobis postmodum pro parte dilectorum filiorum Bernardi de Nax gardiani fratrum Minorum et Roberti Tolsani (*sic*)
prioris Carmelitarum Ordinum predictorum Tholosan. petitio continebat, in statutis prefati studii canonice editis caveatur expresse quod in
scolis Predicatorum primo bacallarius Minorum, secundo Carmelitarum, tercio Heremitarum, quarto Universitatis, quinto Sancti Stephani,
sexto Sancti Bernardi, septimo Sancti Saturnini, octavo Predicatorum;
in scolis autem Minorum primo bacallarius Predicatorum, secundo Heremitarum, tercio Carmelitarum, quarto Universitatis, quinto Sancti Ste-

phani, sexto Sancti Bernardi, septimo Sancti Saturnini, octavo Minorum;
in scolis vero Carmelitarum primo bacallarius Predicatorum, secundo
Minorum, tercio Augustinorum, quarto Universitatis, quinto Sancti
Stephani, sexto Sancti Bernardi, septimo Sancti Saturnini, octavo Carmelitarum; in scolis autem Augustinorum primo bacallarius Minorum,
secundo Predicatorum, tercio Carmelitarum, quarto Universitatis,
quinto Sancti Stephani, sexto Sancti Bernardi, septimo Sancti Saturnini, octavo Augustinorum, quodque in omnibus aliis actibus publicis
quandocunque bacallarius Predicatorum precederet bacallarium Minorum, bacallarius Carmelitarum precederet bacallarium Augustinorum,
et quandocunque bacallarius Minorum precederet bacallarium Predicatorum, bacallarius Augustinorum precederet bacallarium Carmelitarum, et alias, prout in eisdem statutis latius continetur[1], dictaque statuta jurata a tempore edicionis eorundem observata fuerint et sub pena
prestiti juramenti observari mandata, et ordinacio hujusmodi in dero-
gationem statutorum predictorum redundare ac dissensionum et dis-
cordiarum inter professores supradictos semin[ari]um fore noscatur :
pro parte dictorum gardiani et prioris nobis fuit humiliter supplicatum, ut non obstante ordinacione supradicta, statuta antedicta observari mandare de benignitate apostolica dignaremur. Nos itaque hujusmodi supplicationibus inclinati discretioni vestre per apostolica scripta
mandamus quatinus vos vel alter vestrum, si est ita, statuta supradicta
non obstante ordinacione nostra hujusmodi, per quam eisdem statutis
nolumus nec intendimus in aliquo derogari, faciatis auctoritate nostra
appellatione remota per censuram ecclesiasticam et alia juris remedia
inviolabiliter observari. Non obstantibus felicis recordationis Bonifacii
pape viij predecessoris nostri, etc. Dat. Nicie iij non. Marcii pont.
nostri an. undecimo[2].

REGISTRA. G. — JO. PARVETI.

XIX

1407, Februarii 1.

Benedictus etc. Ad perpetuam rei memoriam. Iliis que pro utilitate
·et statu salubri personarum vacantium studio litterarum provide facta
sunt ut illibata consistant libenter adicimus apostolici muniminis firmi-

1. V. Fournier, *Statuts* I, 717, 140½, Sept. 9.
2. Voy. le complément de ce document, plus bas, n° XXI.

tatem. Dudum siquidem pro parte dilectorum filiorum rectoris et Universitatis studii Tholosani nobis exposito quod ipsi (ut negotia dicte
Universitatis conscribenda per personas eisdem Universitati fideles
scriberentur) quatuor tabelliones, videlicet dilectos filios Stephanum De
Palheriis clericum, Petrum de Blanhaco, Johannem Anelhi et Johannem de Fulherato laicos in civitate Tholosana commorantes ad scri-
bendum causas et negotia judicialia et extrajudicialia eosdem Universitatem et singulares personas eorundem occasione conservatorie et
aliorum privilegiorum eisdem concessorum et alias quomodolibet tan-
gentia concorditer elegerant, ac voluerant quod per predictos tabelliones et non per alios cause et negotia supradicta scriberentur, et quod
ipsis vel eorum aliquibus cedentibus vel decedentibus aut officio tabel-
lionatus legitime privatis liceret eidem rectori cum consilio dictorum
Universitatis alios loco defficientium eligere ac etiam ipsos et eorum
singulos si casus exhigeret sententialiter privare vel alias rationabiliter
privatione cessante mutare : nos electionem et voluntatem hujusmodi ex
certa scientia auctoritate apostolica confirmavimus ac declaravimus
quoscumque processus Universitatem et singulares prefatos tangen-
tes, quos per alios tabelliones quam per prefatos aut ab eodem rectore
ut premittitur deputandos tabelliones vel aliquem ipsorum in dicta
civitate aut diocesi Tholosana fieri contingeret, irritos et inanes,
prout in nostris inde confectis litteris plenius continetur [1]. Cum autem
sicut exhibita nobis postmodum pro parte dictorum rectoris et Universitatis petitio continebat, ipsi pro utilitate rei publice ac singularum
personarum earundem Universitatis dilectos filios Johannem de Fal-
gueriis et Petrum Cambrerii clericos tabelliones apostolicos in dicta
civitate commorantes sufficientes et ydoneos supradicto numero duxe-
rint aggregandos, pro parte ipsorum rectoris et Universitatis nobis
fuit humiliter supplicatum ut aggregationi hujusmodi robur confirma-
cionis adicere ac acta et gesta per eosdem Johannem et Petrum clericos ratifficare de benignitate apostolica dignaremur. Nos itaque hujusmodi supplicationibus inclinati aggregacionem hujusmodi auctoritate
apostolica confirmamus et presentis scripti patrocinio communimus, ac
per eosdem Johannem et Petrum clericos a tempore aggregacionis
hujusmodi in negociis hujusmodi, alias tamen bene acta et gesta, eadem
auctoritate ratifficamus et etiam approbamus, decreto nostro hujusmodi

---

1. Cette bulle se trouve dans les Registres de Benoît XIII, datée 4 non. Julii an.
decimo (1404, Jul. 4), et manque aussi chez M. Fournier.

aliquatenus non obstante. Nulli ergo, etc. Datum Masilie apud Sanctum Victorem kal. Februarii, pontificatus nostri anno tercio decimo.

XX

1418, Aprilis 25.

ROTULUS FACULTATIS STUDII THOLOSANI

Beatissime pater. Supplicant S. V. humiles et devoti vestri oratores et ambaxiatores humillime filie vestre Universitatis studii Tholosani quatenus dignetur vestra sanctitas concedere de gratia speciali ambaxiatoribus filie vestre humillime Universitatis studii Tholosani hic existentibus et eorum cuilibet ut possint sibi eligere totiens quotiens confessorem et confessores unum et plures tam seculares quam regulares cujuscunque fuerint Ordinis et status..... et si placet extendere ad omnes regentes dicte Universitatis et duos bedellos ejusdem. — Fiat in forma. O.

. . . .

Item supplicant eidem sanctitati ut dignetur dispensare quod omnes illi, qui audiverunt per triennium leges vel assumpserunt gradum baccallariatus in eisdem in dicta Universitate, possint audire legere et facere cursus suos usque ad licentiam inclusive, non obstante quod aliqui sint beneficiati et infra sacros ordines constituti, non obstantibus quibuscumque. — Fiat dummodo non sint presbiteri. O.

Item ad conservationem dicte Universitatis dignetur vestra sanctitas concedere quod cause studentium dicte Universitatis Tholosane ventilentur in civitate Tholos. vel Avinionensi, ut amfractus litium evitentur et ut a cursu in dicto studio faciendo non revocentur. — Fiat juxta reformat. O.

. . . .

Item quod cum dicta Universitas habeat certa privilegia et indulta ac concessiones fundatorum et alias de visitando certa collegia Tholose sita et reformando eadem ac de ponendo et amovendo ibidem studentes, quod prelibata omnia vestra sanctitas dignetur confirmare et approbare, et specialiter in collegio de Narbona vulgariter nuncupato, in quo nullus est prior neque fuit unquam, ita quod Universitatis rector instituat priorem ibidem primo loco, deinceps collegium sibi singulis annis priorem eligere teneatur, cui singuli de collegio habeant in hiis que unicuique juste mandaverit obedire, et dicti rectoris manibus jurare. — Fiat in forma. O.

Item quod cum statuta dicte Universitatis habeant expresse ut in scientia medicine nullus audeat practicare in civitate Tholosana nec in suburbiis nisi fuerit magister licentiatus, bacallarius aut alias legitime approbatus per magistros regentes in dicta facultate[1], dignetur illud confirmare et approbare, auctorizare et pro inserto et expresso habere, et hoc sub pena excommunicationis quam incurrant contra facientes. — Fiat. O.

Item eadem sanctitas dignetur concedere quod inquisitor heretice pravitatis Tholosanus aut aliquis ipsius nomine non possit nec valeat procedere contra aliquem vel aliquos de Universitate predicta super dictis vel pronunciatis in collationibus, disputationibus, argumentationibus, arenguis, vesperiis et aliis quibuscunque actibus ipsius Universitatis scolasticos, nisi communicato consilio cum rectore et consiliariis sepe fate Universitatis. — Fiat si errans sit paratus revocare. O.

. . . .

Item quod nullus bacallariorum suos cursus facientium pro licentia obtinenda, in quacunque scientia legat, habeat dare vacationes ante festa Nativitatis domini, Pasche et Carniprivii, quousque bedelli induxerint eas omnibus generaliter, et si qui soppositum fecerit, retardetur a receptione talis gradus per medium annum. — Fiat. O.

Item dignetur eadem sanctitas mandare dicto rectori, qui est et erit pro tempore futuro, et regenti vel locumtenenti, quod omnia ista supradicta que tangunt honorem [et] statum dicte Universitatis faciat publicare per bedellum ejusdem in prima dominica post receptionem sue rectorie et totiens quotiens erit rector, et habeat mandare bedello, quod nomina contrarium facientium habeat describere sub pena privationis officii per medium annum. — Fiat. O.

Item beatissime pater, cum dominus Petrus de Luna olim Benedictus nuncupatus sue obedientie tempore pro sustentatione onerum dicte Universitatis ecclesiam parrochialem sancti Aniani dioc. Tholos., cujus fructus et redditus illam pro tempore obtinenti et in ea non residenti centum librarum turonens. parv. non valent communiter annuatim, cum omnibus juribus et pertinentiis thesaurarie studii memorati incorporavit et univit, ita quod cedente vel decedente dilecto filio Petro Beraudi ipsius ecclesie rectore seu alias candem ecclesiam quomodo-

---

1. V. plus haut, n° XII, p. 63, note 2.

libet dimittenti liceat thesaurario..... possessionem..... apprehendere
et perpetuo retinere [1]..... quatenus vestra sanctitas predictam incorpo-
rationem, unionem, et adnectionem ex certa scientia approbare et
confirmare, et quatenus necesse est de novo incorporare et unire
dignetur..... — Fiat et committatur. O.

Item beatissime pater, secundum statuta et observantiam Universitatis et cancellarie Tholosane, qui gradum licentie in facultatibus
theologie, canonum et legum recipiunt, jurant jurareque consueverunt
in manibus cancellarii quod gradum doctoratus vel magistratus alibi
non recipient nisi in dicta Universitate et sub patre vel patribus eum
vel eos presentantibus, et casu quo contrarium facerent, promittunt
omnia jura Universitati et dicto suo patri vel patribus solvere et
nullam impetrare dispensationem ab aliquo, et casu quo dispensationem impetrarent aliqualem promittunt et jurant ea non uti, ac omnia
jura integra dicta quo supra et eorum cuilibet [solvere], dictisque statutis constitutionibus et ordinationibus ac juramento seu juramentis non
obstantibus, multi tam in curia Romana quam alibi recipiunt gradum
et insignia magistralia et doctoralia in grande prejudicium dicte Universitatis magistrorum et doctorum et jurium sibi debitorum ac
patrum dictorum licentiatorum [2]. Quapropter supplicatur vestre sanctitati ut dignetur eadem sanctitas concedere et committere cancellario et
eorum cuilibet, ut tales compellant ut jura dicte Universitati et patribus
ac aliis pertinentibus solvant et de eisdem satisfaciant prout tenentur,
quibuscunque dispensationibus in contrarium obtentis vel obtinendis
non obstantibus. — Fiat. O. — Datum Constantie septimo kal. Maii,
anno primo [3].

XXI

1432, Februarii 18.

Beatissime pater. Cum dudum pro pace et tranquillitate supposito-
rum Universitatis studii Tholosani per rectorem et plerosque in theologia magistros Universitatis ejusdem statutum ordinatumque fuerit
quod deinceps perpetuis temporibus inter bacallarios professores
Ordinum mendicantium dicte Universitatis in quibuslibet actibus
scolasticis talis ordo servari debeat, quod quando Predicatores habent

_____

1 V. n° XVII.

2. V. plus haut, p. 39, un exemple pour Avignon.

3. Il y a aussi, pour la même époque, des *rotuli* des autres Universités. Je dois
les omettre, pour ne pas faire un volume.

precedere Minores, tunc fratres de Montecarmeli debent precedere
fratres Heremitarum sancti Augustini; cum vero ad eosdem Minores
pertinet ipsos Predicatores anteire, tunc fratres Heremitarum hujusmodi fratribus de Montecarmeli predictis veniunt preferendi[1] : ut
hujusmodi statutum et ordinatio inviolabiliter observentur, cessentque
dissensiones alias verisimiliter proventure, supplicatur sanctitati
vestre quatenus statutum necnon ordinationem hujusmodi et quecunque inde secuta rata habentes et grata illa ex certa scientia confirmare
et approbare necnon irrefragabiliter observari mandare dignemini,
supplentes omnes defectus si qui forsan intervenerint in eisdem, cum
clausolis oportunis. — Concessum ut petitur in presentia domini
nostri pape. B. Graden[2]. — Datum Rome apud Sanctum Petrum in
presentia domini nostri pape duodecimo kal. Martii, anno primo.

MONTPELLIER

XXII

1340, Augusti 26.

Cum Universitas scolarium Montispessulani in nostra curia propo-
suisset se esse et fuisse in possessione et saisina inmitendi, aducendi
et habendi vinum, racemos et vindemiam de quibuscumque locis infra
seu extra limites et districtus dicte ville pro eorum victualibus et
necessariis, et e contrario consules dicte ville proposuissent, nec scolares nec alios, cujuscumque status aut condicionis existant, posse nec
debere inmittere in dicta villa vinum, racemos aut vindemiam, nisi
fuerint de propriis possessionibus habitancium in dicta villa et infra
certos terminos usitatos, eosque esse et fuisse in possessione predictorum, et super predictis inquesta per certos commissarios facta fuisset
et ad curiam nostram remissa, auditisque partibus ad judicandum si

1. V. plus haut, n° XVIII.
2. Blasius, patriarcha Gradensis, cancellariam Rom. curiae regens, comme il est
dit ailleurs. Après lui, on trouve C[hristophorus], Ariminensis episcopus (1435-
1444).

perfecta esset recepta, ea visa et diligenter examinata, qui. repertum
fuit inter cetera quod nec conclusum nec renunciatum erat, ne[c] repro-
baciones tradite, per judicium curie nostre fuit dictum quod dabuntur
commissarii qui ipsam inquestam perficient, et ipsa perfecta curie
remittetur judicanda, die xxvi⁴ augusti. — Io. DE HUBANTO JUNIOR
r[eportavit].

XXIII

1394, Octob. 20-23.

ROTULUS MEDICORUM MONTISPESSULLANI

Sanctissime ac beatissime pater. Humiles et devoti vestri magistri,
licentiati, bacallarii, et studentes devotissime vestre Universitatis medicorum Montispessulani in personis infrascriptorum dicte Universitatis
alumpnorum moribus vita ac scientia decoratorum S. V. supplicant...

Et primo Johanni Piscis, cler. Viennen. in art. Parisius et in medic.
in Montepessulano mag., cancellarioque dicte Universitatis medicorum
Montispessulani.

Item Jacobo Texerii Magalonen. dioc. in medicina mag.

Item Petro Rochoronis clerico Mimaten. dioc. in art. et in medic.
magistro actu legenti in collegio medicorum fundato per fel. rec. dom.
Urbanum papam quintum in Montepessulano.

Item Petro Raymundi Magalonen. dioc., in medic. mag.

Item Petro Arquerii, cler. Magalon. dioc., in med. mag.

Item Guillelmo Blot Scoemalier Cameracen. dioc., Parisius in art.
et in Montepessulano in medic. mag., actu legenti.

Item Johanni Regis Constantien. dioc., Parisius in art. et in Montepessulano in medic. mag., actu legenti.

Item Oliverio de Cliuo, presbytero Maclovien. dioc. mag. in art. et
in medic. licentiato.

Item domino Raymundo Malhautardi presbytero Nemausen. dioc.,
ld medic. bachalario antiquo.

Item Bernardo Vollemaniere, cler. Mimaten. dioc., in medic. bacallario.

Item Johanni Hurelli, cler. Maclovien. dioc., in medic. bachallario.

Item Johanni Mernen cler. Maclovien. dioc. in medic. bachallario.

Item Nicolao Colve de Saxonia, cler. Brandeburgen. dioc., in art.
et in medic. bacallario.

Item Guillelmo Haberti de Blesis, cler. Carnoten. dioc., Parisius in art. et in medic. bacallario.

Item Johanni Durinasi, subdiacono Maclovien. dioc., mag. in art. et in medic. bacallario, qui hactenus in jure canonico duobus annis studuit.

Item Laurentio Morerii, cler. Gerunden. dioc., bacallario in medic.

Item Guillelmo Muril, cler. Cameracen dioc., Parisius in art. mag. et in medic. bacallario, cursus suos in dicto studio legenti.

Item Oliverio Guennet, cler. Veneten. dioc., mag. in art. et in medic. bacallario actu in dicto studio legenti et in secundo anno sue lecture existenti.

Item Aubrico Andree de Tullo, Parisius mag. in art. et in medic. bacallario in secundo anno sue lecture existenti.

Item Hermanno Godefridi dicto de Kuyt, cler. Leodien. dioc., mag. in art. et in medic. bacallario.

Item Symoni de Fraxino, cler. Morinen. dioc., Parisius in art. mag. et bacallario in medic. in dicto studio cursus suos legenti.

Item Sigero Roughe, cler. Morinen. dioc., Parisius in art. mag. et in medic. bacallario.

Item Johanni de Binicio, cler. Tornac., in art. Parisius mag., et baccal. in med. actu legenti.

Item Petro de la Lonaye, cler. Maclovien. dioc., mag. in art. et in medic. bacallario.

Item Yvoni Kilbinguo, cler. Leonen. dioc., licentiato in art. ac bacallario in jure civili, studenti in medicina in tercio anno sue audicionis existenti [1]...

Fiat pro omnibus. L.

Sine alia lectione et cum commissione examinis ad partes. — Fiat. L.

Dat. Avinione pro magistris in medicina tertio decimo kal. Novembris, item pro magistris in artibus vel licentiatis in medicina duodecimo kal. Novembris, item pro ceteris decimo kal. Novembris anno primo.

XXIV

1403, Octob. 19-23.

ROTULUS UNIVERSITATIS MONTISPESSULLANI

Beatissime ac sanctissime pater.....

Et primo humili et devoto vestro Philippo de Levis de nobili genere

---

1. Suivent les noms des étudiants.

procreato, rectori Universitatis studentium studii utriusque juris ville Montispessullani, baccallario in legibus actu legenti.

Item Johanni Maleuiffi decretorum doctori, canonico ecclesie Magalonensis, actu legenti ordinarie de mane in studio Montispessullani.

Item fratri Johanni de Vitrolis, decretorum doctori, monaco Marciliensi presbytero expresse professo, actu legenti ordinarie de mane.

Item Petro de Pentheria, decretorum doctori, canonico ecclesie Magalonensis, intendenti resumere lecturam decreti et continuare in studio Montispessullani anno proximo venienti.

Item Johanni Texerii, in decretis licentiato, canonico ecclesie Magalonensis.

Item fratri Petro de Gaudiaco, monaco monasterii sancti Petri de Salvio Ordinis sancti Benedicti Nemaus. dioc. presbytero et expresse professo, licentiato in decretis actu legenti et in octavo anno sue lecture existenti.

Item fratri Aymerico de Palheriis, monaco Psalmodiensi, licentiato in decretis, presbytero et expresse professo.

Item Guillelmo Falavelli, presbytero, in decretis licentiato, canonico venerabilis collegii sancti Ruphi Montispessulani O. S. A.

Item Deodato Dalmassii, licentiato in legibus et bacallario in decretis actu legenti et in quinto anno sue lecture constituto.

Item Egidio Hugonis presbytero dioc. Andegav., in utroque jure licentiato.

Item Guillelmo Albareti Ruthenen. dioc., licentiato in legibus.

Item Johanni Martini de Riassa, cler. Segobien. dioc. in decretis licentiato et in legibus bacallario.

Item Guillelmo Pertuseti, cler. Gebenn. dioc., in legibus licentiato[1]...

Fiat pro omnibus. L.

Dat. Sallone Arelat. dioc. pro doctoribus xiiij°, pro licentiatis in jure, magistris in medicina et filiis baronum xiij°, pro baccallariis in jure, nobilibus et magistris in artibus ac licenciatis in medicina xij°, pro ceteris x° kal. Novembris anno decimo, ad vacatura post kal. Novembris ejusdem anni.

Sine alia lectione et commissione examinis ad partes. — Fiat. L.

1. Suivent les noms des bacheliers et des écoliers. Le *rotulus* remplit 12 pages in-folio.

AVIGNON

———

XXV

1376, Augusti 23.

Dilectis filiis sindicis, concilio et communi civitatis nostre Avinionensis salutem et apostolicam benedictionem. Dum sinceram fidem et devocionem quam ad nos et Romanam geritis ecclesiam diligenter attendimus ac intra mentem nostram sollicita meditatione revolvimus, quantum ex generali studio (quo civitas nostra Avinionensis decoratur) universali ecclesie quinimmo toti orbi christicolarum comodi et honoris accrescere valeat, ad illorum concessionem inducimus que in ipsius favorem et dila[ta]cionem studii valeant redundare. Hinc est quod nos vestris in hac parte supplicationibus inclinati vobis usque ad duodecim annos a data presentium computandos, quod omnes et singule persone ecclesiastice, quibus legere vel audire leges prohibent canonice sanctiones (electis, in episcopos confirmatis et religiosis et aliis in sacerdotio constitutis dumtaxat exceptis) hujusmodi leges legere et audire et in illis libere studere infra dictos duodecim annos per septem annos et non ultra in civitate valeant antedicta, quibuscunque beneficiis ecclesiasticis cum cura vel sine cura etiamsi dignitates vel personatus existant, que dicte persone optinent seu in antea optinebunt ac quibuscunque constitucionibus apostolicis contrariis nequaquam obstantibus auctoritate apostolica indulgemus, et insuper ut usque ad predictos duodecim annos quod optinentes dignitates seu personatus... per septennium infra dictos duodecim annos non teneantur ad diaconatus et presbyteratus ordines suscipiendos. Nulli ergo, etc. nostre constitucionis infringere, etc. Dat. Avinione x kal. Septembris, pontificatus nostri anno sexto[1].

---

1. Un privilège analogue, mais moins large, d'Urbain V se trouve chez Fournier II, n. 1252.

XXVI

1378, Novemb. 22; 26.

ROTULUS STUDII AVINIONENSIS

Summe sanctitatis in Christo patri et domino domino Clementi pape vij sacrosancte Romane ac universalis ecclesie divina providentia summo pontifici Universitas doctorum et scolarium utriusque juris, canonici videlicet et civilis, in civitate vestra Avinionensi studentium pure devotionis affectu pedum oscula beatorum. Celestis altitudo consilii sciens quem sibi ad totius fidei catholice conservationem expediret habere pro ipsius fidei et totius christianitatis regimine, de sacro apostolorum collegio divinitus vos elegit et pretulit super gentes ad presidendum universis et obtinendum super regna Domini principatum, de qua quidem electione ac promotione deifica eadem Universitas merito gratulatur, et auditis ipsius promotionis mirifice rumoribus gloriosis in jubilum exultationis festina prorupit bonorum omnium largitori, cujus vices geritis in terris, devotas fundendo preces ut sanctam personam vestram dirigere et conservare dignetur ad regimen ecclesie sue sancte. Cum autem, pater beatissime, in eadem Universitate sint multi doctores, nobiles, licentiati, bacallarii ac studentes quamplurimi, qui diutius in acquirendo scientie margaritam, ut justum ab injusto ac equum ab iniquo discernere valeant, dissudarunt ac in beneficiis ecclesiasticis non habeant unde valeant congrue sustentari, supplicat S. V. eadem Universitas...

Johanni de Alzenno [1] decano ac canonico prebendato ecclesie collegiate beate Marie Villenove Avinionen. dioc., decretorum doctori in dicto studio actu legenti.

Item Johanni de Fontana, utriusque juris doctori, qui in dicto studio jura canonica per tres annos ordinarie legit.

Item Thome de Repuncta, decretorum doctori jura canonica ordinarie in dicto studio actu legenti.

Item Bernardo Blanc, cler. Valentin. dioc., legum doctori in dicto studio actu legenti.

---

1. En 1403, il était protonotaire apostolique, et envoyait à Benoît XIII un *rotulus*, où se trouvent aussi des étudiants d'Avignon.

Item Inmano Chomiac utriusque juris doctori ordinarie legenti in dicto studio.

Item Vincentio de Briendas diacono, decretorum doctori, et baccallario in legibus, canonico ecclesie Belliloci Masticonen. dioc.

Item nobili Dalmacio filio Vicecomitis de Rocabertino canonico prebendato ecclesie Gerunden, in jure canonico scolari.

Item nobili Mileto de Granceyo canonico prebendato ecclesie Lingonen., bacallario in legibus de nobili genere ex utroque parente procreato.

Item Raymundo Fabri presbytero Caturcen. dioc., licentiato in decretis x anni et ultra sunt elapsi.

Item Aldeberto de Moreriis presbytero, licentiato in decretis actu legenti, Mimaten. dioc.

Item Ludovico Piqueti, licentiato in legibus et baccallario in decretis, mag. in art., Abrincen. dioc.

Item Hugoni Vincentii, presbytero Sanctiflori. dioc., licentiato in decretis.

Item Luppo de Palacio, presbytero Herden. dioc., magistro in artibus et in decretis licentiato actu legenti.

Item Johanni de Aychizador. canonico ecclesie Auxitan. O. S. A., archidiacono de Vico in eadem ecclesia, licentiato in decretis.

Item Johanni Joli, licentiato in legibus, qui per triennium jura canonica audivit.

Item Stephano de Roffi, presbytero Lemovicen. dioc., licentiato in decretis.

Item Johanni de Broginaco, licentiato in legibus et bacallario in decretis.

Item Petro de Hugoneria, presbytero Lugdunen. dioc., licentiato in legibus et baccallario in decretis.

Item Helie de Esgallo, licentiato in decretis, actu legenti in sexto anno sue lecture existenti, archipresbytero archipresbyteratus Pertiniaci ruralis communiter nuncupati et canonico prebendato ac sacriste ecclesie Regen.

Item Hugoni de Torondo, licentiato in legibus, cappellano bo. me. domini Petri cardinalis Narbonensis, studenti in jure canonico.

Item Guillelmo Jauberti, subdiacono diocesis Elnen., licentiato in decretis.

Item Thome Southrani, presbytero Lichefelden. dioc., licentiato antiquo in legibus et baccallario in jure canonico ac scolari in theologia, olim bo. me. domini cardinalis Anglie auditori.

Item Hugoni Marronis, presbytero Mimaten. dioc., licentiato in decretis.

Item Guillelmo de Lagamgnoliere, presbytero Nanneten. dioc., in decretis licentiato.

Item Johanni Girandi de Banio, subdiacono Vivariensis dioc., licentiato in legibus et baccallario in decretis ac mag. in art.

Item fratri Roberto Crunelerii, presbytero monaco expresse professo et sacriste ecclesie Sanctiflori O. S. B., licentiato in decretis actu legenti.

Item Petro Achardi de Marologio dioc. Mimaten., licentiato in decretis.

Item Geraldo Olivarii presbytero monacho expresse professo monasterii sancti Victoris Massiliensis O. S. B., licentiato in decretis.

Item fratri Petro Flamenchi[1] monacho expresse professo monasterii sancti Victoris Massilien. O. S. B., licentiato in decretis actu legenti.

Item Nicolao de Roseto de Meldis, licentiato in legibus, qui jura canonica per biennium studuit et audivit.

Item Francisco Fornerii, Lugdunen. dioc., licentiato in legibus.

Item Petro de Consuenda, presbytero Cesaraugustan., licentiato in decretis.

Item Gerardo Michaelis subdiacono Leodien., licentiato in legibus et jura canonica audienti in secundo anno sue auditionis existenti.

Item Petro Hacheron, cler. Ambianen. dioc., licentiato in legibus cum rigore examinis, studenti in jure canonico.

Item Jacobo de Canesio subdiacono Valentin. dioc., licentiato in legibus, studenti in decretis.

Item Waltero de Hasselt, presbytero Trajecten. dioc., licentiato in legibus a quinque annis citra, et baccalario in decretis.

Item Petro Moneti de Sinemuro, cler. Eduen. dioc., licentiato in legibus actu legenti[2].....

Dat. Fundis pro graduatis et magnis nobilibus ac scolaribus qui audiverunt tempore sufficienti ad gradum habendum decimo, et pro ceteris sexto kal. Decembris, anno primo.

---

1. On ignorait que Petrus Flamenchi fut élevé et enseigna aussi à Avignon.
2. Suivent encore 637 noms. Le *rotulus* remplit 112 pages in-folio.

XXVII

1403, Octob. 19-23.

ROTULUS UNIVERSITATIS AVINIONENSIS

Beatissime pater.....

Et primo pro devoto et humili vestro nobili Johanne Laplou legum doctore, primicerio studii Avinionensis.

Item dilecto familiari V. S. Symoni Columbi canonico Majoriscensi decretorum doctori.

Item fratri Francisco de Nyonis decretorum doctori canonico et infirmario ecclesie Avinion. O. S. A., in studio eodem ordinarie decretum actu legenti et in xij° et ultra sue lecture hujusmodi anno constituto.

Item Guillelmo Benedicti in utroque jure doctori.

Item Stephano Caprioli legum doctori.

Item fratri Bertrando de Cadoena decretorum doctori actu ordinarie Avinione legenti, monacho expresse professo monasterii Cluniacensis Matiscon. dioc.

Item Petro Pape legum doctori.

Item Petro Fernandi Oller, legum doctori, canonico Salmantino, actu ordinarie Avinione legenti.

Item Michaeli Falconis, decretorum doctori [1].

Item Bartholomeo Guichardi, presbytero licentiato in decretis.

Item Jacobo de Frassengis, cler. licentiato in legibus et baccallario in decretis Lemovicensis diocesis.

Item Guillelmo Pringar, cler. Redonen. licentiato in utroque jure.

Item Petro Vanerii presbytero Cenomanen. dioc., licentiato in legibus et bacallario in decretis.

Item fratri Johanni de Poylleio presbytero canonico expresse professo monasterii sancti Anthonii O. S. A. Viennen. dioc., licentiato in decretis.

Item Guidoni Morelli presbytero Redonen. dioc., licentiato in decretis.

Item Egidio de Legalitate, presbytero Redonen. dioc., in jure civili licentiato.

---

1. Suivent les noms de trois nobles.

Item fratri Guillelmo Pacheu canonico regulari expresse professo monacho Beate Marie de Castellis in Heremo O. S. A. Cenomanen. dioc., licentiato in decretis.

Item Guillelmo de Maale Sagien. dioc., licentiato in decretis.

Item Jacobo Riqueti clerico Majoricensi, licentiato in legibus.

Item Johanni Martini de Roqueria canonico et archipresbytero Burgensi, in decretis licentiato.

Item Jacobo Bedoçii priori Gigortii, Diensis dioc. Ord. Cluniac., rectori Sancti Martialis Cluniacensis Avinione, licentiato in decretis.

Item Johanni Marcelli, Lucion. dioc., licentiato in decretis.

Item Stephano Effirart, subdiacono Cenoman. dioc., licentiato in utroque jure.

Item Nicolao de Templo, subdiacono Cenomanensi, licentiato in jure civili.

Item Philippo de Morovillari, clerico Ambianiensi, licentiato in legibus cum rigore examinis.

Item Johanni Suhardi, presbytero, licentiato in decretis baccallarioque in legibus, canonico regulari expresse professo monasterii beate Marie de Rota Andegav. dioc. O. S. A.

Item Yterio Marchon, Lemovic. dioc., licentiato in legibus in jure canonico studenti.

Item Johanni Donzelli, cler. Bisuntin., licentiato in legibus.

Item Petro Joncuros, cler. S. Flori, licen. in legibus.

Item Anthonio Comitis, presbytero, licentiato in decretis, monacho expresse professo monasterii sancti Flori O. S. B [1]......

Fiat pro omnibus.

Datum apud Sallonem Arelat. dioc. pro doctoribus et magistris in theologia xiiij°, pro licentiatis in jure et magistris in medicina et filiis baronum xiij°, pro baccalariis in jure et magistris in artibus et nobilibus xij°, pro ceteris studentibus x kal. Nov., anno decimo.

XXVIII

1420, Maii 2.

Martinus [2], etc., venerabili fratri Francisco archiepiscopo Narbonensi Avinione commoranti, camerario nostro salutem, etc. Humilibus sup-

---

1. Suivent les noms des bacheliers et écoliers. Le Rotulus contient 57 pages in-folio.
2. En marge : B. de Piles.

plicum votis libenter annuimus eaque favore prosequimur oportuno.
Exhibita siquidem nobis nuper pro parte dilectorum filiorum.. primi-
cerii et Universitatis studii ac.. sindicorum et consilii civitatis, necnon
gubernatoris et confratrum domus Christi pauperum orphanorum Avinionen, petitio continebat quod, cum olim ipsi primicerius et Universitas propriam domum in ipso studio pro legentibus ibidem in theologia ac jure non haberent, gubernator et confratres predicti conside-
rantes quod hospitium Librata de Gifono communiter nuncupatum, infra
metas parrochie ecclesie sancti Desiderii in vico transversali in ipsa
civitate situm et alias pro habitatione unius ex sancte Romane ecclesie
cardinalibus Romana curia ibidem existente deputatum seu ordinatum
ad domumque predictam legitime pertinens, modice utilitatis eidem
domui, quinymo in plerisque sui partibus pre vetustate destructum ac
in extantibus illius edificiis utique vastis et caducis ruibundum et mul-
tarum reparationum indigens existeret, nec ad eas ut opus erat facien-
das proprie dicte domus facultates commode suppetere possent, prospi-
cientesque utiliora dicte domus, et habita sepius inter eos super hoc
deliberatione matura : hospitium ipsum cum suis attinentiis eisdem primicerio et Universitati, illud veluti sibi plurimum accommodum emere
volentibus, pro sexcentorum florenorum auri in eadem civitate curren-
tium precio imperpetuum vendiderunt; syndicis vero et consilio predictis etiam de gubernatoris et fratrum predictorum consensu se pre-
cii hujusmodi persolutores, ob dicti studii favorem et in relevamen
oneris, quod providendo de scolis conductitiis pro legentibus ipsis
annuatim subire habebant, constituentibus, primicerius et Universitas
predicti hospitium ipsum ab eisdem gubernatore et confratribus reci-
pientes illud in usus tam legentium quam Universitatis predictorum
tenuerunt ex tunc et tenent pacifice et quiete. Quare pro parte primi-
cerii et Universitatis, necnon sindicorum et consilii, ac gubernatoris et
confratrum predictorum nobis fuit humiliter supplicatum, ut venditio-
nem et emptionem predictas ac alia inde secuta pro earum subsistentia
firmiori apostolico roborare munimine necnon hospitium ipsum ab
omni onere ac servitute Librate seu mansionis cujuscumque cardinalis
imperpetuum liberare de benignitate apostolica dignaremur. Nos igitur
qui libenter subditorum nostrorum et honestis precibus annuimus et
eorum commoda utcunque possumus procuramus hujusmodi supplicationibus inclinati fraternitati tue (cum certiorem de premissis non
habeamus notitiam) per apostolica scripta mandamus quatinus de premissis omnibus et singulis et eorum circumstantiis universis auctori-

tate nostra te diligenter informes, et si per informationem hujusmodi ea reppereris fore vera, super qua tuam conscienciam oneramus, vendicionem et emptionem predictas ac alia inde secuta eadem auctoritate approbes et confirmes hospitiumque predictum ab omni onere et servitute Librate seu habitationis aut mansionis cujuscunque predicte Romane ecclesie cardinalis imperpetuum eadem auctoritate liberes eximas penitus et absolvas. Non obstantibus quibuscunque consuetudinibus ac privilegiis dicte civitatis ceterisque contrariis quibuscunque. Dat. Florentie vj non. Maii, pontificatus nostri anno tercio.

P. GARNERII.

Coll. per me Ay. Gervasii.

CAHORS

XXIX

1388, Martii 19.

In nomine domini. Amen. Per hoc presens publicum instrumentum universis et singulis pateat et sit notum quod anno Nativitatis domini millesimo trecentesimo octuagesimo octavo, die jovis decimanona mensis Martii, indictione undecima, pontificatus sanctissimi in Christo patris et domini nostri domini Clementis divina providencia pape septimi anno decimo, in presencia reverendissimi in Christo patris et domini domini Francisci miseratione divina archiepiscopi Arelatensis, dicti domini nostri pape camerarii, me notario, dominis testibus et aliis dominis infrascriptis personaliter constitutis prefatus dominus camerarius exposuit et narravit quod cum predictus dominus noster papa omnia bona mobilia debita et credita quecunque ubicunque existencia, que erant quondam domini Hugonis Pelegrini, canonici prebendati ecclesie Albiensis, olim in regno Anglie camere apostolice collectoris ex eo, quia pro parte camere dicebatur ipsum dominum Hugonem in magnis peccuniarum summis esse eidem camere obligatum et ex certis aliis causis ad hoc animum sue sanctitatis moventibus ad utilitatem ipsius camere et diu ante ipsius domini Hugonis obitum specialiter reservasset, et post ipsius obitum predicta bona debita et credita fuissent de mandato ipsius domini camerarii arrestata et ad manus predicte camere posita, fuit pro parte Collegii scolarium de Pelegrino nuncupati in civitate Caturcensi per dictum dominum Hugonem Pelegrini et dominum Raymundum Pelegrini, ipsius domini Hugonis germanum, fundati necnon et amicorum predictorum Raymundi et Hugonis fratrum sibi domino camerario expositum, quod dictus dominus Hugo Pelegrini adhuc in humanis existens ad salutem anime sue et parentum suorum pie cogitans et attendens ipsius et predicti Raymundi germani sui pium prepositum adimplere desiderans pro impletione seu complemento dicti Collegii et augmentatione numeri scolarium in ipso ponendorum ac fundatione sex capellaniarum in loco originis ipsorum dicto de Vicano Caturc. dioc. fundatarum, plures ac diversas ac diversis temporibus de bonis suis et debitis donationes fecit dicto Collegio pro predictis omnibus et aliis pluribus legatis ac donationibus piis per ipsos fratres factis ordinandis et ad effectum debitum adimplendis et perducendis, prout in ipsis donationibus in publicis instrumentis redactis latius et plenius continetur. Propter quod et plura alia allegata dicebatur pro parte Collegii et amicorum predictorum, bona predicta sub dicta reservatione non venire nec ad ipsam cameram pertinere, ymo ipsa bona fuisse et esse desarrestanda ac dicto Collegio deliberanda. Tandem post plures altercationes hinc inde habitas inter predictum dominum camerarium pro parte camere ex parte una, et reverendum in Christo patrem dominum Johannem de Armanhaco, electum Mimatensem, et dominos Guillermum de Ortolano, legum doctorem, auditorem sacri palatii, Guillermum de Sancto Claro, bacallarium in legibus, canonicum Albien., procuratores dicti Collegii, ad predicta et infrascripta plenam potestatem habentes, prout constat per eorum procuratorium super hoc confectum, signo et subscriptione discreti viri Johannis de Bonazello, clerici Claromonten. dioc., publici auctoritate apostolica notarii, ex parte altera, existit amicabiliter concordatum et conventum, ut jus quod pretendebat habere dictus dominus Hugo super quadam bastida cum ejus juribus et pertinentiis in territorio Avinionensi situata, que dicebatur fuisse Petri de Furno mercatoris Avinionensis, et etiam debitum quod pretendebat sibi deberi dictus dominus Hugo per Galhardum Caropho, mercatorem Avinionensem, super quibus pendebat lis prout pendet de presenti in curia Romana coram diversis judicibus, in totum pertinebunt et remanebunt ad dictam cameram; item quod tria debita alia, videlicet debitum societatis de Prohanis, quod ascendit ad summam triginta septem milium florenorum camere vel circa, et debitum societatis de Mallabaylis, quod ascendit ad summam trium milium florenorum camere vel circa, et debitum societatis Strochiorum [1] de Florentia, quod ascendit ad summam quatuor milium florenorum camere vel circa, tam nomine camere apostolice quam nomine dicti Collegii de Pelegrino communibus expensis exigantur, et quecunque ex dictis debitis exigi poterunt inter predictam cameram et dictum Collegium communiter dividantur. Omnia alia vero bona mobilia et immobilia ac debita ubicunque et in quibuscunque partibus existentia ex quibuscunque causis debita et ad dictum quondam dominum Hugonem Pelegrini pertinentia predicto Collegio et aliis, ad quos alias de jure pertinere deberent, libere fuerunt per dictum dom. camerarium remissa et relaxata, reservatione predicta et aliis quibuscunque non obstantibus, volens et conse[n]sciens ipse dominus camerarius nomine dicte camere ut dicti domini procuratores possint de ipsis bonis pro libito voluntatis plene disponere ac si predicta reservatio minime emanasset..... Renunciantes dicti domini procuratores expresse nomine procuratorio predicti Collegii de Pelegrino Caturcen. omnibus exceptionibus juris canonici et civilis doli fraudis insuper beneficio restitutionis in integrum..... De quibus omnibus predictis dominus camerarius pro parte dicte camere et predicti domini procuratores pro parte dicti Collegii et aliorum quorum interest per me notarium dicte camere infrascriptum petierunt sibi fieri unum vel plura publicum seu publica instrumentum vel instrumenta.

Acta fuerunt hec Avinione in camera paramenti dicti domini camerarii presentibus venerabilibus viris dominis Guillermo de Lacu, preposito Gebennensi, Guillermo Thonerati, canonico Rothomagen. clerico dicte camere, magistro Henrico de Arena, canonico Cameracensi, secretario dicti domini nostri pape, testibus ad premissa vocatis specialiter et rogatis.....

1. Strozzi.

PERPIGNAN

XXX

1355, Aprilis 28.

Supplicat sanctitati vestre Petrus Roure, cler. Gerundensis dioc., in jure canonico studens *in generali studio Perpiniani* specialem gratiam faciendo de canonicatu Elnen... — Fiat. G. — Dat. Avinione quarto kal. Maii, an. tercio [1].

XXXI

1378, Novembris 29.

ROTULUS SCOLARIUM VILLE PERPINIANI

Sanctissime pater. Humiles et devoti oratores vestri Petrus Renco magister et Franciscus Vincentii bacallarius in artibus, regentes studium scolarium ville Perpiniani domini excellentissimi principis domini regis Aragonum, nec non scolares in ipso commorantes studio singulariter singuli et generaliter universi, quorum quidem scolarium aliqui, decessum fe. re. G[regorii] pape xj vestri predecessoris scientes necnon audientes Bartholomeum tunc archiepiscopum de Bara papatum fore ingressum, ad almam Urbem et non sine magnis laboribus periculis et expensis accesserunt, et ex post scientes dictum Bartholomeum ipsum papatum minus canonice ingredisse, ad propria remearunt absque aliqua impetracione, et quia major eorum pars sunt clerici pauperrimi et qui non valerent eorum indigencia obstante S. V. visitare, igitur e. S. supplicant quatinus pro Dei misericordia supplicationes infrascriptas de speciali dono gratie benigne admittere et pie dignemini exaudire.....

Et primo [2] dicto Francisco Vincentii, bacallario in art. Elnen. dioc.

1. Ce document prouve que l'école de Perpignan fut, au moins quelques années encore après sa fondation par Pierre IV d'Aragon (1349), regardée comme un *Studium generale*. On ne le savait pas jusqu'ici. Néanmoins il est certain qu'elle n'était pas importante.

2. Dans le manuscrit, la construction est faite partout avec « quatinus ».

Item fratri Narcisso de Comellis monacho expresse professo et ho-
stalerio monasterii sancti Quirici, O. S. B., dioc. Gerunden.

Item fratri Benigno Pellicerii canonico expresse professo et camerario ecclesie beate Marie de Leton., O. S. A., Gerunden dioc.

Item fratri Georgio Ferrarii canonico expresse professo et infirmario
ecclesie beate Marie de Campo, O. S. A., Elnen. dioc.

Item G. Illes, provecto in artibus, regenti in parte scolas dicte ville,
cler. Elnen. dioc.

Item Benedicto Quers, presbytero Elnen. dioc.

Item P[etro] Olmeda, pauperimo clerico in artibus provecto, Elnen.
dioc.

Item Johanni Olivarii, pauperi clerico Elnen. dioc.

Item Jacobo Gilaberti, pauperrimo clerico in artibus provecto, dioc.
Gerunden.

Item Petro Maloles, provecto in artibus, clerico dioc. Elnen[1].....
Fiat pro omnibus. G.

Sine alia lectione et cum commissione examinis ad partes. — Fiat. G.
Dat. Fundis tercio kal. Decembris, anno primo.

XXXII

1401, Februarii 10.

« Martinus rex Aragonum consiliario Raymundo Ça Gariga, guber-
natori comitatuum Rossilionis et Ceritan. Percepimus noviter, quod
cum nupperime in generali studio ville Perpiniani per Universitatem
studii supradicti non unitatis spiritu, sed in errore nephandi scismatis
de officio rectoris dicti studii fuisset dupplex electio, » neutra partium
cedere in animo habuisset. Gubernator Rossilionis rectoriæ officium
Johanni de Ripisaltis, sacristæ villæ Perpiniani, contulit, una parte
Universitatis obsistente. Rex per suam chartam, quod gubernator
fecit, ratum habuit et confirmavit, eidem injungens quod cum discre-
tione procedat. Quodsi ei convenientius fore visum fuerit, alium rectorem eligere, ad hoc potestatem habeat. « Datum Barchinone x die
Februarii anno MCCCC primo. »

1. Suivent encore 63 noms. Ce rotulus est très intéressant, parce qu'il se rapporte
à l'école de Perpignan, quand elle n'était plus un *Studium generale*, avant la bulle de
Clément VII, dite de la fondation.

ORANGE

XXXIII

1366, Augusti 1.

Supplicant sanctitati vestre filii vestri devoti syndici et communitas civitatis Auraicensis, quatenus in recuperatione *studij, jam ratione interdicti vestri totaliter extincti*, eis specialem gratiam facientes, ut in dicto studio, nunc per sanctitatem vestram caritative reformato, residentes in eodem et vere studentes fructus suorum beneficiorum in eorum absentia percipere valeant ac si personaliter residerent in eisdem concedere dignemini..... — Fiat ad triennium cessante fraude. B. — Sine alia lectione. — Fiat. B. — Dat. Avinione kal. Augusti, anno quarto [1].

BILLOM [2]

XXXIV

1344, Februarii 14.

Supplicat S. V. humilis creatura vestra G. Rogerii miles quatinus sibi in personam magistri Johannis Archambaldi, bacallarii in legibus

1. V. Fournier, *Statuts*, etc., II, 720 (n° 1544).
2. Plusieurs auteurs affirment qu'il existait à Billom des écoles de droit, dont la fondation remonterait au XIII° siècle. M. Fournier dit, dans son *Hist. de la science du droit*, p. 726, qu'il a contrôlé toutes les données auxquelles on se réfère, et qu'aucun document n'est venu vérifier les assertions de ces auteurs, induits en erreur par un passage de Chabrol. « On cherchait à faire remonter à deux ou trois siècles les grands établissements qui furent fondés en Auvergne au XVI° siècle. » M. Fournier me permettra de lui dire qu'il n'a pas encore tout contrôlé; les trois documents suivants prouvent que lui-même a été induit en erreur par sa précipitation. Il en résulte qu'à Billom, il y avait au XIV° siècle des écoles au moins pour le droit (voir XXXIV) et les arts (XXXV, suiv.), et que ces écoles étaient regardées presque comme un *studium generale* (XXXV).

Tutellensis dioc., magistri liberorum suorum apud Bilio.num studentium, specialem gratiam facientes de canonicatibus et prebendis ecclesiarum collegiatarum sanctorum Michaelis Belvac. et Framboldi Silvanect. vacantibus in curia per obitum domini Johannis de Campis, quondam dictarum ecclesiarum canonici prebendati, qui extra Romanam curiam diem clausit extremum, et cujus beneficia dum ageret in humanis per sedem apostolicam extiterant reservata, eidem Johanni de benignitate sedis apostolice misericorditer dignemini providere. Non obstantibus, etc. — Fiat in utraque ecclesia. R. — Et remaneat sibi gratia. R. — Et quod transeat sine alia lectione. — Fiat. R.

Dat. apud Villamnovam Avinion. dioc. xvj kal. Marcii, anno secundo.

XXXV

1345, Junii 10.

Petrus de Servaret, can. eccles. Tirasonen., bacal. in art. et studens in loco Bilomi, Claromont. dioc., supplicat sanctitati, ut « residendo in predicto studio vel in studio *alio generali* » redditus canonicatus et praebendae integre percipiat... — Fiat. R. — Et quod transeat sine alia lectione. — Fiat. R. — Dat. apud Villamnovam Avinion. dioc. !iij id. Junii, anno quarto.

XXXVI

1349, Septemb. 9.

Supplicat S. V. humilis creatura vestra P[etrus][1] sancte Marie Nove diaconus cardinalis quatinus, cum studium Bilomi Claromonten. dioc., quod pro,.,ter instruentium nimiam raritatem magistris egeat oportunis, devotum servitorem cardinalis ejusdem Geraldum Falguosii, mag. in art., qui dicti cardinalis germanos diligenter in eodem studio tempore longo instruxit et docuit, quod in ipso studio exequens ministerium artis sue scolas regere valeat, a juramento quod occasione sacerdotalis prebende quam obtinet in collegiata ecclesia Bilomi prestiterit (quo cavetur ut singuli[2] prebendas sacerdotales in dicta ecclesia obtinentes personaliter in eadem ecclesia quibuslibet horis intersint

1. Petrus Rogerii.
2. Ms. « singulis ».

canonicis et de ordine in ordinem habeant promoveri) absolvere dignemini, vel saltem juramentum predictum quamdiu dictum Geraldum
dictas scolas retinere contigerit relaxare. — Fiat ad quinquennium.
R. — Dat. Avinione v id. Septembris, anno octavo.

FIN

TABLE DES MATIÈRES

———

AVANT-PROPOS.. 1
I. Les invectives de M. Fournier 7
II. Les fautes du Recueil de M. Fournier.............. 12
III. Les omissions dans le Recueil de M. Fournier........ 32

PIÈCES JUSTIFICATIVES

ORLÉANS

I. Arrêt du Parlement de Paris en faveur de l'Université
   contre plusieurs sergents de la prévôté d'Orléans... 45
II. Serment prêté avant le doctorat en présence de l'éco-
   lâtre.. 49
III. Rôle de l'Université (1388), contenant une supplique
   sur l'élection du Recteur............................ 50
IV. Exemption du dixième accordée par Charles VI aux
   membres de l'Université.............................. 51
V. Rôle de l'Université (1403)......................... 52

ANGERS

VI. Rôle de l'Université (1343)........................ 56
VII.   —   (1403)........................... 57

TOULOUSE

VIII. Arrêt du Parlement de Paris en faveur de Guillaume le
      Bourguignon, professeur de droit à Toulouse.......   59

  IX. Benoît XII protège les écoliers contre ceux qui vou-
      laient les forcer de suivre certains cours..........   59

   X. Benoît XII assure aux pauvres écoliers la jouissance
      des fondations faites en leur faveur..............   60

  XI. Benoît XII défend aux bacheliers en droit de faire des
      cadeaux aux docteurs.........................   61

  XII. Rôle de l'Université (1353).........   62

 XIII. Urbain V, qui avait étudié et professé aussi à Toulouse,
      condamne avec l'Université le luxe des vêtements...   64

 XIV. Rôle de l'Université (1366).....................   65

  XV.   —   (1403)......................   67

 XVI. Benoît XIII rectifie une partie de la bulle fondamentale
      d'Innocent IV................................   70

XVII. Benoît XIII ajoute aux revenus de l'Université ceux de
      la paroisse de S. Anian   71

XVIII. Benoît XIII confirme la place que doivent occuper les
      professeurs en théologie dans les soutenances......   72

 XIX. Benoît XIII permet à l'Université de nommer quatre
      tabellions et d'en ajouter deux autres.............   73

  XX. Rôle de l'Université (1418), contenant plusieurs statuts
      de l'Université   75

 XXI. Supplique de l'Université à Eugène IV au sujet de la
      place attribuée aux docteurs en théologie   77

MONTPELLIER

 XXII. Arrêt du Parlement de Paris en faveur de l'Université.   78
XXIII. Rôle des médecins de l'Université (1394).............   79
XXIV. Rôle de l'Université (1403)., ...   80

AVIGNON

XXV. Grégoire XI donne, pour douze ans, aux personnes
      ecclésiastiques (excepté les évèques, les religieux et
      les prêtres) la permission d'étudier et d'enseigner les
      lois pendant sept ans.............................   82

XXVI. Rôle de l'Université (1378) 83
XXVII. — (1403) 86
XXVIII. Document sur le premier local de l'Université 87

CAHORS

XXIX. Arrangements entre le collège de Pélegry et la chambre
apostolique 89

PERPIGNAN

XXX. Document prouvant qu'en 1355 il y avait encore un
Studium generale 92
XXXI. Rôle des écoliers de la ville de Perpignan (1378) 92
XXXII. Martin, roi d'Aragon, met fin à la division qui s'était
produite à propos de l'élection du recteur 93

ORANGE

XXXIII. Supplique de la commune d'Orange à Urbain V en
faveur de l'Université 94

BILLOM

XXXIV-XXXVI. Documents sur l'existence d'un Studium à Bil-
lom au xive siècle 94

PRÉCIS D'ANTIQUITÉS ROMAINES
VIE PUBLIQUE & VIE PRIVÉE
Par C. KRIEG
TRADUIT SUR LA TROISIÈME ÉDITION PAR L'ABBÉ O. JAIL.

Un fort vol. in-8, orné de 2 plans et de 54 gravures dans le texte.
Prix.. 6 fr.

Catalogues des Livres grecs et latins
IMPRIMÉS PAR

ALDE MANUCE
A VENISE
(1498-1503-1513)
REPRODUITS EN PHOTOTYPIE, AVEC UNE PRÉFACE
Par Henri OMONT

Grand in-folio de 24 pages et 4 planches en phototypie, reproduction exacte des originaux d'après les exemplaires uniques de la Bibliothèque Nationale.
TIRAGE A CENT CINQUANTE EXEMPLAIRES
Prix... 15 fr.

LES MANUSCRITS GRECS
DATÉS DES XVe ET XVIe SIÈCLES
de la Bibliothèque nationale et des autres Bibliothèques de France
Par le même
Grand in-8. — Prix................ .... 3 fr.

NAPOLÉON PREMIER
Par le Docteur A. FOURNIER
Traduit par E. JAEGLÉ
TOMES I ET II
2 volumes petit in-8. — Prix.............. ..... 7 fr.

MANUEL DE L'AMATEUR D'ESTAMPES
Par Ch. LE BLANC
4 vol. gr. in-8 contenant le Dictionnaire complet des graveurs de tous les temps et de tous les pays, et le catalogue de leurs œuvres.
PRIX BROCHÉ . 75 FR.
Le même ouvrage relié en demi-maroquin avec coins, tête dorée, ébarbé. — Prix.................................. 80 fr.

ROMANIA.

RECUEIL TRIMESTRIEL,

CONSACRÉ A L'ÉTUDE DES LANGUES ET DES LITTÉRATURES ROMANES

PUBLIÉ PAR

MM. P. MEYER et G. PARIS, membres de l'Institut.

PRIX D'ABONNEMENT :

Paris : **20** fr. — Département, et Union postale : **22** fr.

Prix de la collection complète 1872 à 1891 inclus, y compris la table des dix premières années. Broché : **520** fr.,

ou relié en demi-maroquin, coins, tête dorée, chaque : **550** fr.

REVUE CELTIQUE

Fondée par **M. H. GAIDOZ**

Publiée sous la direction de **M. H. d'Arbois de Jubainville**, membre de l'Institut, avec le concours de **MM. J. Loth**, doyen de la Faculté des lettres de Rennes, et **E. Ernault**, professeur à la Faculté des lettres de Poitiers.

PRIX D'ABONNEMENT :

Paris : **20** fr. — Départements et Union postale : **22** fr.

La collection complète, les 12 volumes (1872 à 1891 inclus, au lieu de **240** fr., net : **190** fr.

REVUE DE PHILOLOGIE

FRANÇAISE & PROVENÇALE

RECUEIL TRIMESTRIEL

Consacré à l'étude des langues, dialectes et patois de France.

Publié par **L. CLÉDAT**, professeur à la Faculté des lettres de Lyon.

PRIX D'ABONNEMENT :

Paris : **15** fr. — Départements et Union postale : **16** fr.

REVUE BIBLIOGRAPHIQUE & CRITIQUE

DES LANGUES & LITTÉRATURES ROMANES

RECUEIL MENSUEL

Dirigé par **MM. G. HUET, G. ZANNONI** et **E. EBERING**

PRIX D'ABONNEMENT

Paris : **16** fr. — Départements et Union postale : **17** fr.

LE MOYEN-AGE

BULLETIN MENSUEL D'HISTOIRE ET DE PHILOLOGIE

Direction : **MM A. MARIGNAN** et **M. WILMOTTE**

PRIX D'ABONNEMENT

Paris : **8** fr. — Départements et Union postale : **9** fr.

RECUEIL

de Travaux relatifs à la Philologie et à l'Archéologie Égyptiennes et Assyriennes

POUR SERVIR DE BULLETIN À LA MISSION FRANÇAISE DU CAIRE

Sous la direction de **G. MASPERO**

Paris : **30** fr. — Départements et Union postale : **32** fr.

Le tome XIV est en cours de publication

Une notice détaillée du contenu des dix premiers volumes sera envoyée gratuitement à toute personne qui en fera la demande.

Meun, Protat frères, imprimeurs.